TOM DANIELSON UND ALLISON WESTFAHL

CORE-TRAINING FÜR RADSPORTLER

TOM DANIELSON UND ALLISON WESTFAHL

CORE-TRAINING FÜR RADSPORTLER

DURCH CORE-POWER ZUM ERFOLG

Unimedica

Tom Danielson und Allison Westfahl
Core-Training für Radsportler
Durch Core-Power zum Erfolg

1. deutsche Auflage 2015
2. deutsche Auflage 2015
3. deutsche Auflage 2018
4. deutsche Auflage 2021
Übersetzt von Thorsten Distler
ISBN 978-3-944125-42-8

Titel der englischen Originalausgabe:
Tom Danielson's Core Advantage
Core Strength For Cycling's Winning Edge
Copyright © 2013 Tom Danielson und Allison Westfahl

3002 Sterling Circle, Suite 100, Boulder, Colorado 80301-2338 USA

Inhaltdesign von Vicki Hopewell, Coverdesign von Rick Landers
Coverabbildungen: Vorderseite von Gilbert Dupuy, Rückseite von Mark Johnson
Autorenphotos von Casey B. Gibson (S. 201) und Kirsten Boyer (S. 202),
alle weiteren Photos von Brad Kaminski
Illustrationen von Charlie Layton

Herausgeber
Unimedica im Narayana Verlag, Blumenplatz 2, 79400 Kandern,
Tel.: +49 7626 974970-0
E-Mail: info@unimedica.de,
Homepage: www.unimedica.de
© 2015 Narayana Verlag GmbH

INHALT

PART I ▸ CORE-POWER – WAS HEISST DAS?

PART II ▸ CORE-POWER: WORKOUTS UND ÜBUNGEN

VORWORT VON BEN URBANKE

Tom Danielson und ich teilen eine große Leidenschaft: Das Radfahren. Genauso wie Tom nutze ich jede Möglichkeit, in den Sattel zu steigen und loszufahren. Es geht mir nicht in erster Linie darum, Rennen zu gewinnen, und doch ist es toll zu sehen, dass man seine eigenen Leistungen noch steigern kann. Doch die eigentliche Faszination beim Radfahren liegt für mich ganz einfach darin, draußen zu sein und die Natur zu erleben.

Ich persönlich habe in den letzten Jahren festgestellt, dass die Umstellung auf eine vegane Ernährungsweise mir geholfen hat, meine Leistungen zu steigern, schneller und ausdauernder zu werden. Mit einer für mich optimierten Ernährung vor, während und nach dem Rennen bekomme ich einen zusätzlichen Energieschub und verhindere Leistungstiefs.

Tom Danielsons Buch hat mir einen weiteren Leistungsfaktor nahegebracht, den ich bislang kaum auf der Rechnung hatte. Nicht nur meine Ernährung, sondern auch ein durch „Core-Power" optimiertes Kraftprogramm hilft mir nun, mich besser auf Rennen vorzubereiten und Verletzungen, Rückenschmerzen sowie andere Beschwerden zu vermeiden. Angefangen von der Beschreibung der richtigen Haltung auf dem Sattel bis hin zu kompletten Workout-Programmen bietet Tom in diesem Buch anschaulich und leicht nachvollziehbar eine Fülle an wertvollen Hinweisen und Übungen, die ich inzwischen sehr erfolgreich für mich nutze.

„Core-Training für Radsportler" ist ein wertvolles Buch für alle Radsportler, nicht nur Profis, sondern auch Hobbyfahrer, denn gerade Letztere sind noch deutlich anfälliger für Verletzungen als die Profis. Ich bin froh und dankbar, durch Toms Buch einen Einstieg in das Thema „Krafttraining für Radsportler" gefunden zu haben.

—Ben Urbanke
Langstrecken-Radfahrer

VORWORT VON PATRICK DEMPSEY

Für mich war Fahrradfahren immer gleichbedeutend mit Freiheit. Der Radsport ist ein fester Bestandteil meines Lebens. Er hat mich seit frühester Kindheit durch große biografische Veränderungen hindurch begleitet. Ich liebe und lebe diesen Sport. Meine Beziehung zum Radsport begann, als ich als 12-jähriger Heranwachsender im amerikanischen Bundesstaat Maine stundenlang die Straßen erkundete und dadurch meine Neugierde auf die große weite Welt stillte. Als ich älter wurde und mich veränderte, entwickelte sich auch meine Beziehung zum Radsport weiter. Heute betrachte ich diesen Sport nicht nur als Hilfsmittel, um in Form zu bleiben und meine körperlichen Grenzen immer wieder neu auszuloten. Es ist für mich auch eine Möglichkeit, mich aus dem hektischen Alltag Hollywoods mit all seinen Anforderungen auszuklinken.

Eine der Blüten, die meine Begeisterung für das Fahrradfahren getrieben hat, ist die Liebe zum Profiradsport. Auf diesem Weg kam ich auch zum ersten Mal mit Tommy D in Kontakt. Ich bin seit jeher ein großer Fan der Tour of California (der Kalifornien-Rundfahrt). Beim Rennen 2010 hatte ich dann die Gelegenheit, Tom kennenzulernen. Unser erstes Gespräch war nur sehr kurz. Doch schon bei diesem ersten Austausch merkte ich, dass Tom genauso ein großer Fahrradnarr war wie ich. Man konnte genau spüren, dass Tom weit mehr als nur professionelles Pflichtbewusstsein mit dem Radsport verband.

Das war auch der Grund, warum ich Tom bat, 2011 am *Dempsey Challenge* teilzunehmen. Bei dem jährlich ausgetragenen Wettkampf handelt es sich um ein internationales Event mit wohltätiger Ausrichtung.

Die in Lewiston/Auburn im Bundesstaat Maine ausgetragene Veranstaltung dient zum Sammeln von Spendengeldern für das *Patrick Dempsey Center for Cancer Hope & Healing* am *Central Maine Medical Center*, welches gratis Dienste für Krebskranke anbietet, um sie beim Kampf gegen die Krankheit zu unterstützen. Beim Event 2011 ergab sich die Chance, Tommy genauer kennenzulernen. Dabei bat ich ihn, mich doch anzurufen, falls er einmal nach Südkalifornien kommen und einen Trainingspartner brauchen würde. Ich freute mich sehr, als nur wenige Wochen später tatsächlich das Telefon klingelte und Tom an der Leitung war. Es sollte die erste zahlloser Trainingstouren werden, die ich im Verlauf des darauffolgenden Jahres an Toms Seite bestreiten durfte.

Angesichts seines Status in der Welt des Profiradsports war ich wenig überrascht, zu sehen, wie stark er im Sattel ist. Als Schauspieler muss ich mich für die Kamera in Form halten. Harte Workouts und lange Stunden im Fitnesscenter sind für mich also nichts Neues. Beim Training mit Tom stieß ich allerdings noch einmal in ganz andere Dimensionen vor! Uns ist beiden der Spaßfaktor beim Fahren wichtig. Doch wir sind auch beide bereit, hart an uns zu arbeiten, um uns zu verbessern. Tom hat mich mit seinen überragenden Leistungen beflügelt, auf dem Fahrrad noch mehr an meine Grenzen zu gehen. Er verriet mir außerdem eines seiner großen Erfolgsgeheimnisse: die Kraft in der tief liegenden Halte- und Stützmuskulatur (auch als Core bezeichnet). Seine Trainerin Allison hatte für ihn einige individuelle Workouts erstellt, die speziell auf den Radsport ausgerichtet waren. Er zeigte mir einige der Übungen, und ich baute sie sofort mit in mein Programm ein.

Als mir Tom davon berichtete, dass er ein Buch über all diese Core-Übungen schreiben wolle, wusste ich: Das wird kein gewöhnliches Workout-Buch. Tom liebt die Vorbereitungen auf seine Wettkämpfe genauso sehr wie die Rennen selbst: Das Training, der wissenschaftliche Unterbau und die Umsetzung der Erkenntnisse sind allesamt Teil seiner harten Arbeit. Dieses Buch spiegelt präzise Toms akribischen und gut fundierten Trainingsansatz wider.

Bereits die Tatsache, dass du dieses Vorwort liest, zeigt: Du bist mit Herz und Seele Radfahrer und nimmst deine Sportart ernst – du willst besser werden. Wenn du die innovativen Methoden in diesem Buch mit in dein Training einfließen lässt, werden sich deine Leistungen auf der Straße drastisch verbessern. Daran habe ich wenig Zweifel. Das werden auch deine Freunde bemerken, wenn du ihnen auf deinen Lieblingstouren davonfährst!

—Patrick Dempsey
Schauspieler

EINLEITUNG

Als Profiradsportler war mir immer bewusst, wie wichtig es ist, viele Trainingsstunden auf dem Rad zu verbringen. Ob schlechtes Wetter, Krankheiten, Erschöpfung, Wehwehchen, Motivationsmangel ... Ich steige immer aufs Rad. Außer, wenn ich verletzt bin. Dann sitze ich auf der Couch und träume davon, wieder Rad zu fahren.

Im Herbst 2007 wurde ich auf der Vuelta in Spanien in einen schrecklichen Sturz verwickelt. Ich zertrümmerte mir dabei die Gelenkpfanne des Schultergelenks. Außerdem hatte ich einen Bandscheibenvorfall auf Höhe des L5/S1. Ich hatte gerade erst einen Vertrag bei Slipstream Sports unterzeichnet. Die Firma hat ihren Sitz in der amerikanischen Stadt Boulder in Colorado. Kurz nach dem Sturz musste ich also aus meiner ehemaligen Basis in Durango im amerikanischen Bundesstaat Colorado nach Boulder umziehen, wobei ich in einer ziemlich schlechten Verfassung war. Ich musste mich nicht nur an eine neue Stadt und ein neues Team gewöhnen, sondern hatte auch meine Trainer und Therapeuten aus Durango nicht zur Seite, zu denen ich mittlerweile eine gute Beziehung und Vertrauen aufgebaut hatte. Ich war auf größere Rehamaßnahmen für den Rücken und die Schulter angewiesen und tat alles dafür, dass sich mein Zustand verbesserte: Physiotherapie, myofasziale Triggerpunkte, Massagen, Chiropraktik ... Doch nichts half wirklich weiter, und meine

Verletzungen wurden für mich zum großen Bremsklotz. Ich wollte unbedingt wieder gesund werden und aufs Rad steigen.

In diesem Moment fiel mir die Trainerin in Boulder ein, von der ich zuvor gehört hatte. Ihr Name war Allison Westfahl. Es hieß, sie kenne sich mit Verletzungen bei Ausdauerathleten wirklich gut aus. Ich vereinbarte im Februar 2008 einen Termin bei Allison und war sofort von ihrem ganzheitlichen Ansatz beeindruckt. Sie sah sich den ganzen Körper an, nicht nur die verletzte Stelle. Mit ihrem ausgiebigen physiologischen Hintergrundwissen sowie ihrem Verständnis der Bewegungsabläufe beim Sport konnte sie die muskulären Schwachstellen ausmachen, die meiner Verletzung zugrunde lagen.

Allison wollte über alle meine bisherigen Verletzungen informiert werden. So wurde mir bewusst, dass mein unterer Rücken schon lange Zeit ein Problem für mich darstellte. Sie ließ mich eine kleine Reihe von Übungen absolvieren, während sie mit einem Klemmbrett um mich herumspazierte und sich Notizen machte. Nach etwa 30 Sekunden meinte sie: „Okay, ich weiß, was dir fehlt: Deine Gesäßmuskulatur überträgt nicht die maximale Kraft, und deine Lendenmuskeln sind verspannt und überlastet. Außerdem hast du eine Thoraxkyphose. Wenn wir das nicht wegbekommen, heilt deine Schulter nie richtig aus."

Ich erinnerte sie noch einmal daran, dass ich Schmerzen im unteren Rücken hatte, und nicht im Gesäß. Sie bestand aber darauf, die Ursache der Verletzung zu behandeln statt nur die schmerzende Stelle. Sie meinte, ich solle meine Core-Muskulatur stärken, um meine Verletzungsprobleme zu beheben. Ich dachte nur: „Na toll! Noch mehr Crunches und Rückenstrecken." Schließlich hatte ich schon jahrelang sogenannte Programme zur Stärkung der Core-Muskulatur genutzt, und keines davon schien jemals wirklich anzuschlagen. Da ich aber schon einmal da war, entschied ich mich dazu, ihr eine Chance zu geben.

In der ersten Trainingsstunde führte ich ein Core-Workout aus, wie ich es noch nie zuvor erlebt hatte. Allison ließ mich Übungen machen, die Balance, Koordination und Muskelausdauer erforderten. Und zwar immer in Positionen, die Körperhaltungen auf dem Rad ähnelten. Ich absolvierte Core-Übungen, die mir vollkommen neu waren. Am Ende hatte ich tatsächlich das Gefühl, ein Workout hinter mich gebracht zu haben, das auf den Radsport zugeschnitten war. Die Schmerzen durch die Bandscheibenverletzung ließen innerhalb von zwei

Wochen nach. Bereits nach vier Wochen unter Allisons Anleitung zur Stärkung meiner Core-Muskulatur war ich vollkommen beschwerdefrei.

Ich hatte mich ursprünglich zwar in Allisons Hände begeben, um mich von meinen Verletzungen zu erholen. Doch wir begannen schon bald, uns über ein ganzjähriges Trainingsprogramm zur Steigerung der Core-Muskulatur zu unterhalten. Ich wollte mehr Power und bessere Leistungen auf dem Rad. Zunächst war ich skeptisch, weil mir jahrelang viele Menschen die unterschiedlichsten Ratschläge gegeben hatten, die nie zu konkreten Ergebnissen geführt hatten. „Wenn du dies und jenes machst, hast du mehr Kraft und Erfolg im Sattel", hörte ich sie sagen. Oder auch „Trink diesen Tee, damit steigt deine Leistung", „Schlaf in diesem Höhenzelt, iss dies, iss jenes, fahr mit diesem Rad, mit jenem ..." Es war alles nur leeres Gerede. Jeder glaubte, die Zauberformel parat zu haben. Am Ende entpuppte sich aber alles als Augenwischerei. Nichtsdestotrotz wollte ich es mit Allisons Methode versuchen.

Schließlich hatte mir ihr Programm wirklich geholfen, meine Verletzung zu überwinden. Dabei hatte ich gemerkt, dass auch meine Leistungsfähigkeit auf dem Rad davon profitiert hatte. Ich dachte mir, dass in der Methode vielleicht noch viel mehr Potenzial steckte, wenn sie die Schwachstellen in meinem Fahrstil genauso effektiv beheben würde wie meine Verletzung.

Seither (sprich: seit 2008) möchte ich Allison nicht mehr missen. Die Kommunikation stand für uns immer im Mittelpunkt. Ich erzählte ihr, dass ich gern an meiner Beschleunigung beim Aufstehen arbeiten würde. Außerdem wollte ich die Kraftübertragung über längere Strecken aufrechterhalten können, wenn ich aus dem Sattel gehe. Sie sah mir beim Fahren zu, um herauszufinden, welche Muskelgruppen an bestimmten Punkten meines Pedalzyklus nicht optimal funktionierten. Danach entwickelte sie spezifische Übungen, um das Problem anzugehen. Da viele der Übungen neu waren, durften wir uns Namen für sie ausdenken – je nachdem, auf welcher Tour oder bei welchem Rennen sie entwickelt wurden. Wir hoffen, dem Leser dadurch einen zusätzlichen Trainingskick zu geben!

Bis Anfang 2012 hatte ich zusammen mit Allison ein ziemliches Arsenal an effektiven und spezifischen Core-Übungen zusammengetragen. Wir entschieden uns dazu, die Übungen und Programme mit Sportlern in aller Welt zu teilen, damit jeder Radsportfan in den Genuss maximaler Leistungen und minimaler Beschwerden kommt.

Die 50 Übungen und 15 Programme in diesem Buch sind die wettkampf-erprobte Essenz unserer Erkenntnisse. Ich habe sie alle durchgemacht und nutze sie auch weiterhin. Ich hoffe, dieses Buch hilft dir, ein besserer Radfahrer zu werden und ein tieferes Verständnis für die Bedeutung einer starken Core-Muskulatur zu entwickeln. Verschaff dir den nötigen Vorsprung, um vor der Konkurrenz über die Ziellinie zu fahren.

—*Tom Danielson*

DANKSAGUNGEN

Über all die Jahre hinweg, in denen ich im professionellen Radsport meine Träume verfolgt habe, war es mir immer eine Freude, die dabei gewonnenen Erkenntnisse weiterzugeben. Die Höhen und Tiefen, die ich dabei erlebt habe, waren sehr bereichernd, was meinen Erfahrungsschatz angeht. Ich kann Allison gar nicht genug dafür danken, dass sie mir den Impuls für dieses gemeinsame Buch gegeben hat. Es ist wunderschön, anderen Radsportlern zu besseren Leistungen zu verhelfen. Allison hat es mir ermöglicht, mit diesem Buch ein sehr großes Publikum zu erreichen.

Ich möchte mich herzlich beim VeloPress-Team bedanken. Die Mitglieder dieses Unternehmens sind Athleten und Radsportler durch und durch. Genau aus diesem Grund konnten sie auch den Wert dieses Projekts erkennen und es als legitimen Nebenerwerb für einen Profisportler anerkennen. Des Weiteren möchte ich mich aber auch bei meinem Redakteur Ted Costantino bedanken, der immer Verständnis für meine Karriere und mein Training als Profisportler hatte. Im schnelllebigen und sehr fristgebundenen Verlagswesen behielt Ted immer einen kühlen Kopf und vertraute darauf, dass ich meine Aufgaben erledigen würde – ganz gleich, in welchem Land ich gerade unterwegs war.

Auch durch meine Familie habe ich durch die Bank große Unterstützung und Motivation erfahren. Zusätzlich zu meinen sechs Trainingsstunden pro Tag auf dem Rad arbeitete ich auch noch an diesem Buch, wodurch ich oft abwesend war. Ich hatte keine Vorstellung davon, wie viel Arbeit in einem solchen Werk steckt. Ich danke meiner Frau Stephanie und meinen Kindern, die mir bei diesem Lernprozess Geduld entgegengebracht haben.

—*Tom Danielson*

Als ich mit Tom zum ersten Mal über das gemeinsame Projekt sprach, hätte ich mir nie träumen lassen, dass dabei ein Buch herauskommen würde, das bei VeloPress erscheinen würde. Ich möchte mich herzlich bei Velo dafür bedanken, dass wir diese Gelegenheit und dazu noch komplett freie Hand bei der kreativen Gestaltung bekommen haben. Ein besonderer Dank gilt Ted Costantino für seine Geduld während meiner Versuche, die Physiologie humorvoll darzustellen. Lobend hervorheben möchte ich außerdem Charlie Layton und Brad Kaminski, die die Bilder in meinem Kopf in Worte gegossen und zu Papier gebracht haben.

Sowohl meine Freunde als auch meine Familie, Kollegen und Kunden waren eine unglaublich gute Stütze und Motivationsquelle während der Erstellung des Buches, allen voran mein Ehemann Brian. Danke, dass du dich nie beschwert hast, wenn ich meinen Laptop mit ins Auto, in den Urlaub, auf Geburtstagspartys, zum Hunde-Trainingsplatz etc. genommen habe.

Besondere Anerkennung verdient außerdem Tom für die einzigartige Kombination aus Vertrauen, Respekt und gegenseitiger Rücksichtnahme, wie sie notwendig sind, damit ein Ausdauerathlet und eine Krafttrainerin auf Dauer gut miteinander auskommen. Die Arbeit mit Tom hat mir die Gelegenheit gegeben, meine Kreativität zur Erstellung spezifischer Übungen und Trainingsprogramme einzusetzen. Dadurch habe ich mich auch als Trainerin weiterentwickelt. Vielen Dank, Tommy D.

—*Allison Westfahl*

KAPITEL 1

Bessere Leistungen

Den Begriff „Core" ist in der Sport- und Fitnesswelt mittlerweile in aller Munde. Athleten, Fitnessexperten und Hobbysportler – sie alle sprechen unaufhörlich davon, wie sie an ihrer Core-Muskulatur arbeiten, die Kraftübertragung über den Core verbessern und gerade erst auf *die* Killer-Übung für den Core gestoßen sind, die sie nur wärmstens weiterempfehlen können. In Fitnesscentern werden Core-Trainingsstunden angeboten, und Fitnessvideos versprechen eine Stärkung der tief liegenden Halte- und Stützmuskulatur. Es gibt wahrscheinlich keinen, der abstreiten würde, dass mehr Power im Core wahrscheinlich oder sogar sicher die Fitness verbessert, unsere Probleme bei der Arbeit löst und allgemein zu unserer Entwicklung beiträgt.

In Wahrheit ist die Kraft in der Stützmuskulatur kein Wundermittel, das dich zum besseren Menschen macht. Dass du damit aber zum besseren Radfahrer wirst, das ist Fakt. Ein regelmäßiges Trainingsprogramm mit Übungen für die Kraft im Core beansprucht die Muskeln und Gelenke, sodass sie auch beim Radeln mit höchstmöglicher Effektivität arbeiten. Gleichzeitig sinkt das Verletzungsrisiko. Eine starke Core-Muskulatur stabilisiert die Muskelketten. So wird die Kraftübertragung von der Hüfte über die Beine bis auf die Pedale des Fahrrads effizienter. Mit der Stärke des Core verbessert sich zudem die Beschleunigung, und das nicht nur beim Sprint. Auch bei den Hunderten von großen und kleinen Zwischenspurts im Rennen wirst du einen deutlichen Unterschied bemerken, wenn du dich schnell im Windschatten oder im Pulk fortbewegst. Und zu guter Letzt profitiert von einem soliden Core auch deine Technik bei Anstiegen und Abfahrten.

Bevor wir jedoch darauf eingehen, wie du durch mehr Power im Core zum besseren Radfahrer wirst, wollen wir einige einfachere Aspekte abhandeln, wie etwa die Frage: Wo genau liegt eigentlich der Core? Und was macht diese Muskulatur so besonders, dass sie mithilfe einer Reihe spezifischer Übungen trainiert werden muss? Warum lohnt es sich, ein ganzes Buch darüber zu schreiben und zu lesen?

Die Core-Muskulatur

Der Ausdruck „Core-Power" ist zwar inzwischen weit verbreitet, stiftet aber immer noch ziemlich viel Verwirrung. Viele Leute denken fälschlicherweise, die Bauchmuskeln und die Core-Muskulatur seien deckungsgleich. Doch das ist nicht der Fall. Bauchmuskeln bestehen aus vier Gruppen, die sich hauptsächlich auf die Vorderseite des Körpers verteilen (Abbildung 1.1), mit Ausnahme des Musculus transversus abdominis, der die Körperrückseite umgibt.

Der Core hingegen beinhaltet zwar die Bauchmuskeln. Zur Core-Muskulatur gehören aber *zusätzlich* noch alle anderen Muskeln, die mit der Wirbelsäule und dem Becken zusammenhängen. Der Core beginnt genau genommen an der Oberseite des Rumpfes und zieht sich bis nach unten zum Beckenboden. Das ist ein großer Bereich, der unzählige Muskelgruppen umfasst (Abbildung 1.2).

Zu diesen Gruppen zählen Muskeln, die du zuvor vielleicht ausschließlich als Unterkörper- oder Oberkörpermuskeln betrachtet hast, wie etwa die Gesäßmuskeln oder den breiten Rückenmuskel. Diese Muskeln sind zwar Teil des Ober- bzw. Unterkörpers. Sie erfüllen jedoch auch eine spezifische Funktion als Teil des Core. Sie sind entweder Ursprung oder Ansatzpunkt für die Wirbelsäule oder das Becken. Die beiden Begriffe beschreiben Punkte, welche der Verankerung der Muskulatur an beiden Enden dienen. Der Ursprung bezieht

ABBILDUNG 1.1 **BAUCHMUSKELN**

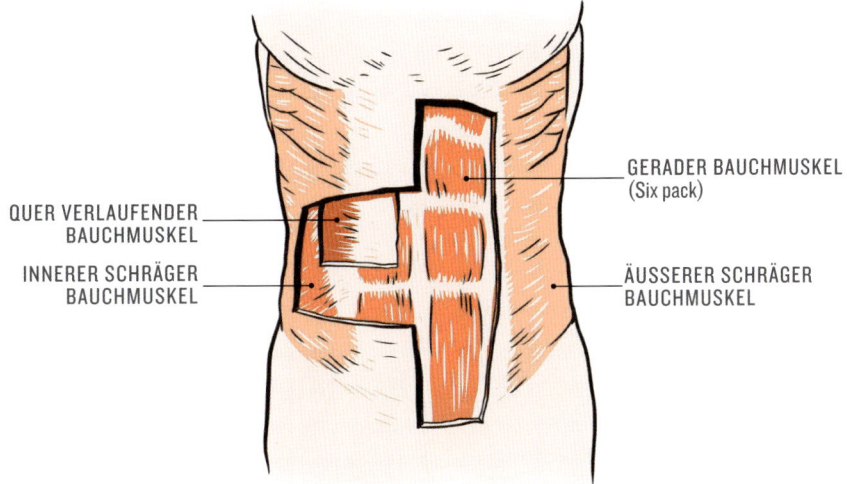

QUER VERLAUFENDER
BAUCHMUSKEL

INNERER SCHRÄGER
BAUCHMUSKEL

GERADER BAUCHMUSKEL
(Six pack)

ÄUSSERER SCHRÄGER
BAUCHMUSKEL

sich normalerweise auf den proximalen Punkt (den Punkt, der am nächsten zur Wirbelsäule liegt). Er deckt in der Regel einen ganzen Bereich ab. Beim Ansatzpunkt hingegen handelt es sich um den distalen Punkt (der weiter von der Wirbelsäule entfernt liegt). Dieser ist normalerweise auf einen kleinen Bereich begrenzt. Bei der Kontraktion bewegen sich der Ursprung und der Ansatzpunkt aufeinander zu, bei der Dehnung des Muskels entfernen sie sich voneinander.

Der Ursprung des großen Gesäßmuskels zieht sich beispielsweise über die gesamte hintere Muskelkette des Gesäßes, schließt also Teile des Kreuz-, Darm- und Steißbeins sowie des Ligamentum sacrotuberale mit ein. Danach breitet sich der Muskel fächerförmig aus, um am Maissiatschen Streifen und an der Tuberositas glutaea anzusetzen (Abbildung 1.3). Bei Anspannung des großen Gesäßmuskels bewegen sich Ursprung und Ansatz näher aufeinander zu. Dadurch wird die Hüfte gestreckt und nach außen gedreht.

Der Grund, warum dieser Bewegungsablauf zu den Core-Bewegungen zählt: Das Becken ist daran beteiligt. Der große Gesäßmuskel muss das Becken bei der Streckung der Hüfte stabilisieren.

Die Experten streiten sich noch über die tatsächliche Anzahl der Muskeln, die ihren Ursprung und/oder Ansatzpunkt an der Wirbelsäule und am

ABBILDUNG 1.2 CORE-MUSKULATUR

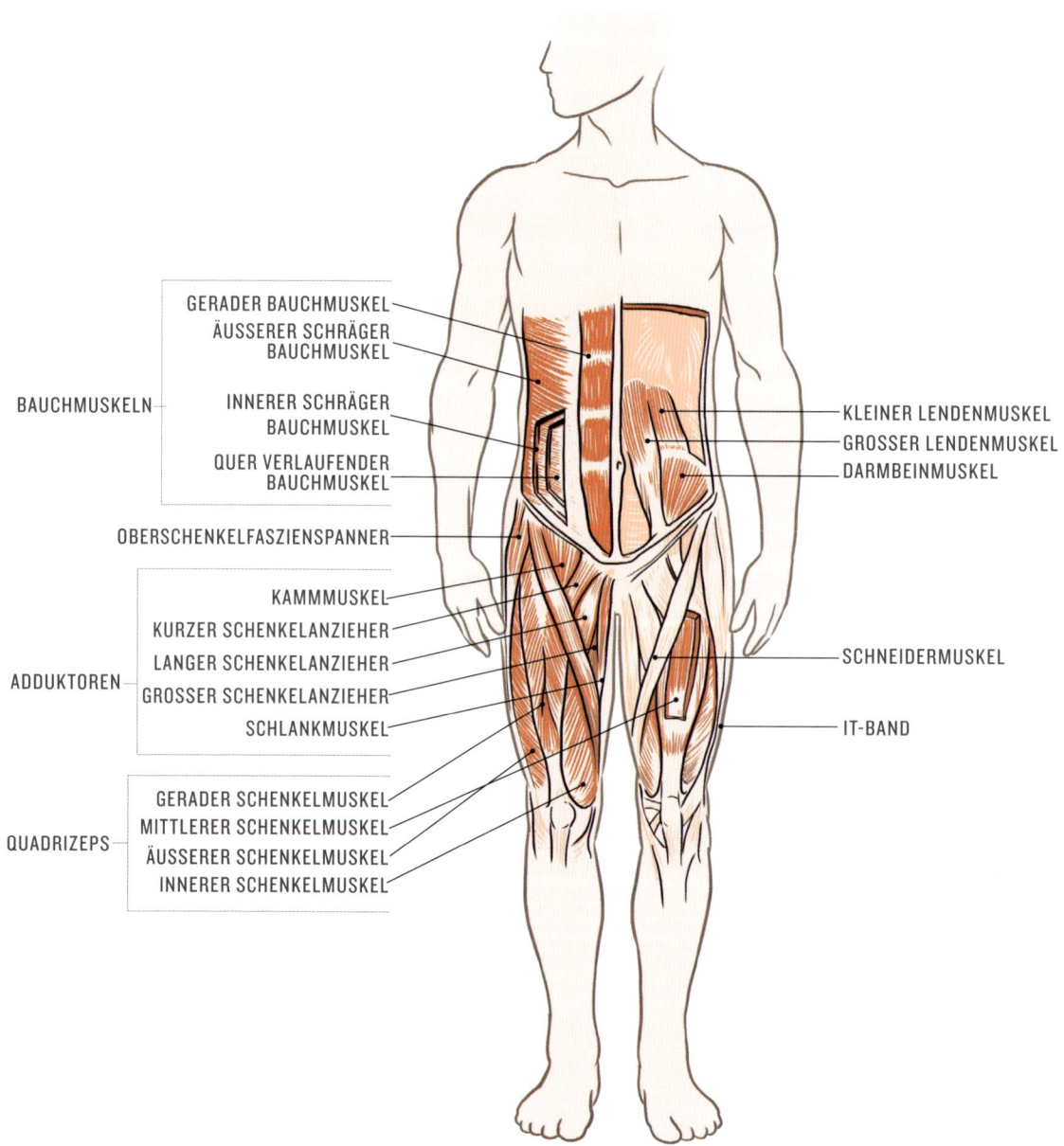

BAUCHMUSKELN
- GERADER BAUCHMUSKEL
- ÄUSSERER SCHRÄGER BAUCHMUSKEL
- INNERER SCHRÄGER BAUCHMUSKEL
- QUER VERLAUFENDER BAUCHMUSKEL

OBERSCHENKELFASZIENSPANNER

ADDUKTOREN
- KAMMMUSKEL
- KURZER SCHENKELANZIEHER
- LANGER SCHENKELANZIEHER
- GROSSER SCHENKELANZIEHER
- SCHLANKMUSKEL

QUADRIZEPS
- GERADER SCHENKELMUSKEL
- MITTLERER SCHENKELMUSKEL
- ÄUSSERER SCHENKELMUSKEL
- INNERER SCHENKELMUSKEL

KLEINER LENDENMUSKEL
GROSSER LENDENMUSKEL
DARMBEINMUSKEL

SCHNEIDERMUSKEL

IT-BAND

VORDERE CORE-MUSKULATUR

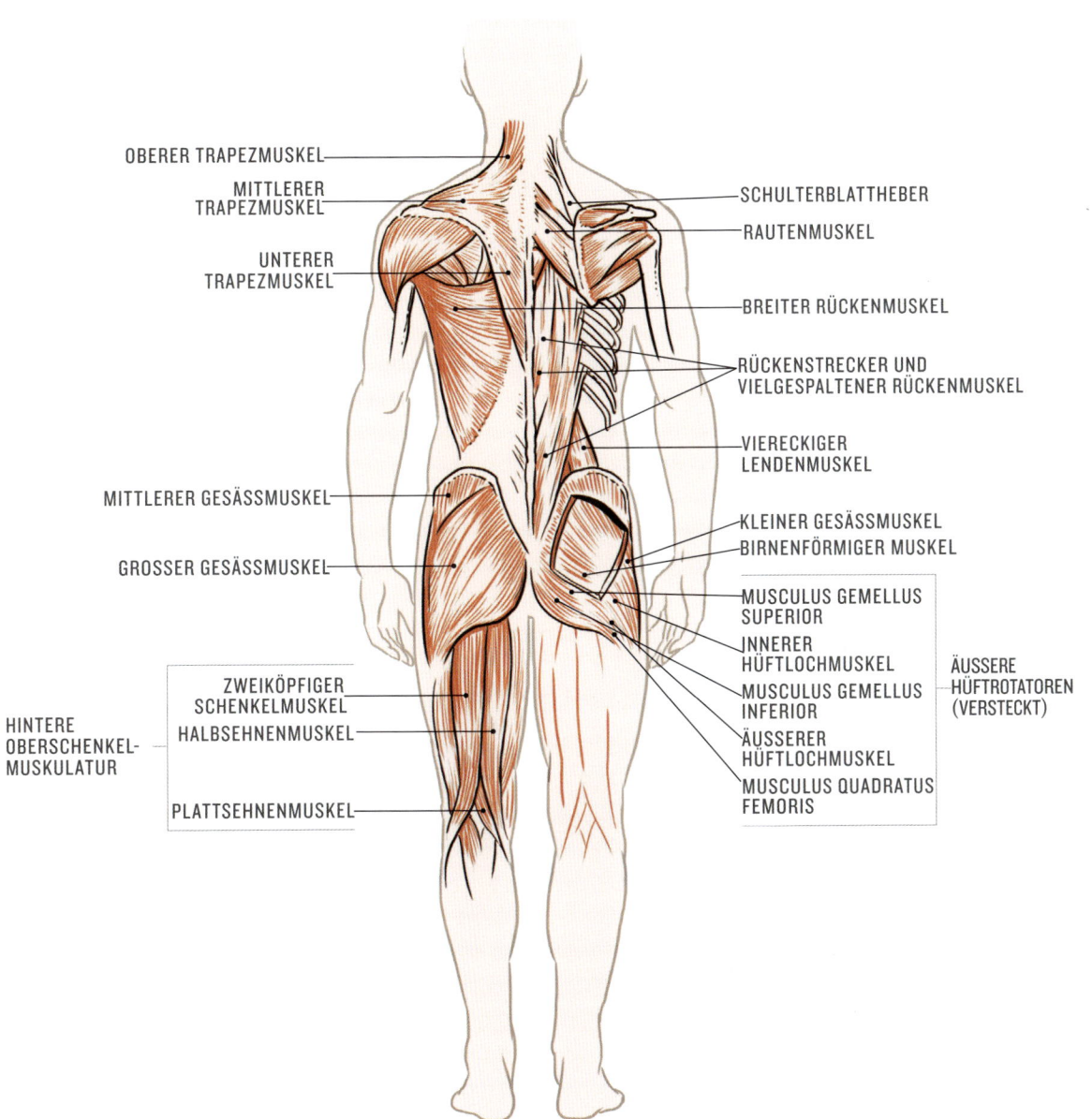

OBERER TRAPEZMUSKEL

MITTLERER TRAPEZMUSKEL

UNTERER TRAPEZMUSKEL

SCHULTERBLATTHEBER

RAUTENMUSKEL

BREITER RÜCKENMUSKEL

RÜCKENSTRECKER UND VIELGESPALTENER RÜCKENMUSKEL

VIERECKIGER LENDENMUSKEL

MITTLERER GESÄSSMUSKEL

KLEINER GESÄSSMUSKEL

BIRNENFÖRMIGER MUSKEL

GROSSER GESÄSSMUSKEL

MUSCULUS GEMELLUS SUPERIOR

INNERER HÜFTLOCHMUSKEL

ÄUSSERE HÜFTROTATOREN (VERSTECKT)

HINTERE OBERSCHENKEL-MUSKULATUR

ZWEIKÖPFIGER SCHENKELMUSKEL

HALBSEHNENMUSKEL

MUSCULUS GEMELLUS INFERIOR

ÄUSSERER HÜFTLOCHMUSKEL

MUSCULUS QUADRATUS FEMORIS

PLATTSEHNENMUSKEL

HINTERE CORE-MUSKULATUR

TOMMY IN AKTION

Die Zeit der Wiedergutmachung. Das war für mich die dritte Etappe der USA Pro Challenge 2012. Ich hatte erst zwei Monate zuvor bei der Tour de France einen schrecklichen Sturz miterlebt (siehe Kapitel 2). Viele Leute zweifelten daran, dass ich schon für die Pro Challenge bereit wäre. Doch Colorado ist mein Staat. Dort lebe und trainiere ich. Ich kenne die Strecken gut, weil ich sie schon so oft gefahren bin. Also dachte ich mir, dass ich mit etwas solidem Kraft- und Konditionstraining schon ins Rennen kommen und eine Chance haben würde. Wie sich herausstellen sollte, bekam ich meine Chance auf der dritten Etappe von Gunnison nach Aspen.

Unsere Teamstrategie für diesen Tag war aggressiv, aber einfach: Zwei Jungs ziehen beim ersten Ausbruch gleich mit und reißen eine drei bis vier Minuten große Lücke. Dann sollte ich mich vom Feld absetzen, um – so der Plan – beim ersten Anstieg die Lücke zu den Ausreißern zu schließen. Meine Teamkollegen Dave Zabriskie und Nathan Haas waren bei den ersten Ausreißern dabei. Als ich an der Spitze des ersten Anstiegs angriff, war ich ein bisschen schneller als die anderen 22 Fahrer der Ausreißergruppe. Zabriskie und Haas mussten also etwas mit dem Tempo anziehen, um den vierminütigen Abstand aufs Hauptfeld aufrechtzuerhalten. Dave blieb die nächsten 110 Kilometer bis zum Fuß des Independence Pass bei mir. Dann schob ich mich nach vorne und absolvierte die letzten 80 Kilometer des Rennens auf eigene Faust.

Vor meinen Fans in meinen Heimatstaat vorneweg zu fahren war eine unvergessliche Erfahrung. Ich wusste damals nicht, ob ich es bis zum Ende durchhalten würde. Unter anderem gab es viel Wind. Ich konzentrierte mich nur auf meine Teilabschnitte und setzte mir kleine Zwischenziele. Der Independence Pass ist eines der Wahrzeichen Colorados. Es war schon etwas ganz Besonderes, die Strecke so lange solo durchzuziehen.

An jenem Tag bin ich wirklich bis an meine Grenzen gegangen. Ich erwartete, dass mir jede Sekunde die Kräfte ausgehen und ich den Rhythmus verlieren würde. Es überraschte mich, wie sehr die ganze Arbeit an der Core-Muskulatur mir half, stabil im Sattel zu bleiben. Viele haben schon versucht, allein vorneweg zu fahren, um am Ende vom Rest des Felds überrollt zu werden. Doch ich konnte in meinem Heimatstaat meine beste Fahrleistung überhaupt abrufen und sogar den Titel als offensivster Fahrer einheimsen.

Becken haben. Das liegt tatsächlich daran, dass sich die Fachwelt nicht einig ist, ob einige Muskelgruppen als ein oder mehrere Muskeln zu zählen sind. Die Muskeln der Oberschenkelrückseite haben beispielsweise ihren Ansatzpunkt am Becken, sind also Teil der Core-Muskulatur. Sie bestehen aus

ABBILDUNG 1.3 URSPRUNG UND ANSATZ DES GROSSEN GESÄSSMUSKELS

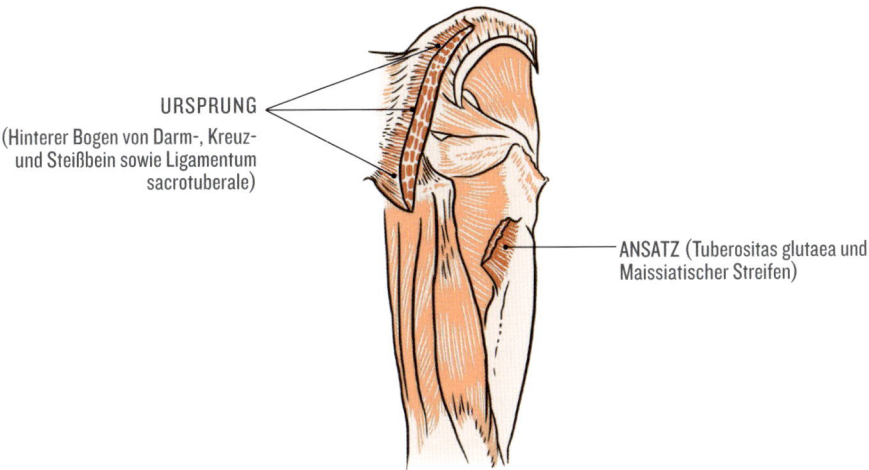

URSPRUNG
(Hinterer Bogen von Darm-, Kreuz- und Steißbein sowie Ligamentum sacrotuberale)

ANSATZ (Tuberositas glutaea und Maissiatischer Streifen)

unterschiedlichen Muskeln, die aber fast immer als ganze Gruppe betrachtet werden. Ungeklärt ist auch die Frage, ob der große Bereich der Faszien im Umfeld der Core-Muskulatur zum Core gezählt werden soll. Doch so oder so: Der Core umfasst einen weitaus größeren Bereich und viel mehr Muskeln als nur die Bauchmuskulatur.

Viele Leute machen den Fehler, zu denken, die Core-Muskulatur sei ausschließlich dazu da, die Körpermitte zu stabilisieren. Doch das ist nur ein kleiner Anteil ihrer Funktionen. In Tabelle 1.1 sind die unterschiedlichen Funktionen der Muskeln aufgelistet, aus denen der Core besteht. Sie haben unter anderem auch die Aufgabe, Kraft zu den Armen und Beinen zu übertragen, die Wirbelsäule und das Becken vor Verletzungen zu schützen und für eine gute Haltung zu sorgen. Es ist also immer sinnvoll, seine Core-Muskulatur top in Schuss zu halten. Für Radfahrer ist es aber umso wichtiger, weil der Sportler dabei halb nach vorne gebeugt mit dem Gesicht nach unten fährt. Die Körpervorderseite wird dabei gepresst.

Die Anforderungen an die Core-Muskulatur vergrößern sich dabei um ein Vielfaches. Umso verheerender können die Konsequenzen einer schwachen Halte- und Stützmuskulatur sein (Abbildung 1.4).

Jede Schwäche im Core kann die sportliche Leistung schmälern. Leider ist es so, dass bei vielen Radsportlern gleich mehrere Probleme vorliegen, die mit Muskelschwächen zusammenhängen. Das liegt daran, dass derartige Probleme miteinander verkettet sind. So kann ein Muskelungleichgewicht zu ermüdungsbedingten Verletzungen und schlechter Haltung führen. Diese Probleme wiederum können den Kraftumsatz der Beine negativ beeinträchtigen.

Eine ungünstige Haltung kann ihrerseits ein Muskelungleichgewicht bedingen. Nach kurzer Zeit ist gar nicht mehr auszumachen, welches Problem eigentlich zuerst vorlag, welches am stärksten ausgeprägt ist und wie es sich beheben lässt. Der erste Schritt, um gegen leistungsschmälernde Beeinträchtigungen vorzugehen: Das aktuelle Trainingsprogramm muss auf den Prüfstand gestellt werden. Es ist wichtig, die vorliegende Problematik nicht unabsichtlich durch ungeeignete Übungen noch zu verstärken.

Schluss mit den Crunches!

Wie bereits erwähnt ist es falsch, die Bauchmuskeln als einzigen Baustein der Core-Muskulatur zu betrachten. Dieser Denkfehler ist schuld daran, dass sich viele der Core-Übungen nur auf die Stärkung der vier Bauchmuskelgruppen konzentrieren und alle anderen Core-Muskeln ausklammern. Dabei kommt

ABBILDUNG 1.4 DIE FOLGEN SCHWACH AUSGEPRÄGTER CORE-MUSKELN

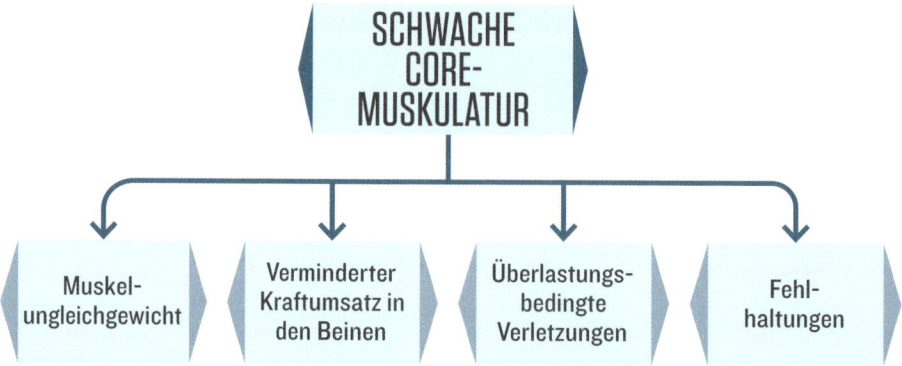

jedem einzelnen Muskel des Core eine spezifische Funktion zu. Deshalb ist es wichtig, alle Komponenten des Core optimal zu stärken, und nicht nur die Bauchmuskeln.

Es können sich die verschiedensten Beschwerden einstellen, wenn nur der Bauchbereich gestärkt und der Rest der Core-Muskulatur ignoriert wird, allen voran ein Muskelungleichgewicht. Eine gestörte Balance des Muskelsystems liegt vor, wenn ein Muskel oder eine Gruppe dominiert und zu viel Arbeit übernimmt, während andere Muskeln schwächer und inaktiv werden. Das Ungleichgewicht stellt das empfindliche System auf den Kopf, in dem jeder Muskel eine bestimmte Funktion zu erfüllen hat.

Eine der am weitesten verbreiteten Störungen des Muskelgleichgewichts im Core ist ein überentwickelter gerader Bauchmuskel. Dies hat die Folge, dass der Musculus transversus abdominis (der gerade Bauchmuskel), der Lendenmuskel und der untere Rücken schwächer und passiv werden. Stellt sich die Frage, wie es passieren kann, dass der gerade Bauchmuskel so dominant wird. Die Antwort: zu viele Crunches.

Nehmen wir einmal das herkömmliche Bauchmuskeltraining: einige einfache und schräge Crunches, gefolgt von ein paar Unterkörper-Crunches. Klingt nach einer ziemlich kompletten Übungsauswahl, oder? In Wirklichkeit richten Crunches jedoch bei Radfahrern mehr Schaden an, als dass sie helfen. Der durchschnittliche Radsportler hat nämlich bereits eine übertrainierte und verspannte gerade Bauchmuskulatur. Der gerade Bauchmuskel (der „Sixpack"), der auch bei den Crunches zum Einsatz kommt, wird nämlich durch die langen Fahrzeiten in der gekrümmten Haltung auf dem Sattel bereits ausgiebig

TOMMY IN AKTION   Bevor ich Allison kennenlernte, bestand mein gesamtes Core-Training im Wesentlichen aus Crunches. Ich beherrschte die Übungen mit der Zeit ziemlich gut, hatte aber nie das Gefühl, dadurch zum besseren Radsportler zu werden. In Wirklichkeit sorgten die Crunches nur dafür, dass ich mit der Zeit eine immer krummere Haltung einnahm und meine Schmerzen im unteren Rücken schlimmer wurden.

TABELLE 1.1 FUNKTIONEN DER CORE-MUSKULATUR

MUSKEL	FUNKTION
OBERSCHENKELRÜCKSEITE *Zweiköpfiger Schenkelmuskel, Plattsehnenmuskel und Halbsehnenmuskel*	Hüftstreckung, Stabilisierung des unteren Rückens und des Beckens in der Bewegung
QUADRIZEPS *Gerader, äußerer und innerer Schenkelmuskel (der gerade Schenkelmuskel gehört zu den Hüftbeugern)*	Hüftbeugung, Stabilisierung des Beckens in der Bewegung
ADDUKTORENGRUPPE *Großer, langer und kurzer Schenkelanzieher, Kammmuskel und Schlankmuskel*	Beugung und Einwärtsdrehung des Oberschenkels, Unterstützung der Hüftstreckung
ABDUKTORENGRUPPE *Mittlerer und kleiner Gesäßmuskel sowie Oberschenkelfaszienspanner (zählt auch zu den Hüftbeugemuskeln)*	Abduktion des Oberschenkels (d. h. Bewegung vom Körper weg)
AUSSENROTATOREN *Birnenförmiger Muskel, Musculus quadratus femoris, Musculus gemellus superior und inferior, innerer und äußerer Hüftlochmuskel*	Auswärtsdrehung und Streckung der Hüfte, Stabilisierung von Becken und Oberschenkel
GROSSER GESÄSSMUSKEL	Auswärtsdrehung und Streckung der Hüfte, Stabilisierung der Kreuzbein-Darmbein-Region
HÜFTLENDENGRUPPE *Darmbeinmuskel, großer und kleiner Lendenmuskel (Teil der Hüftbeuger)*	Hüftbeugung, Stabilisierung der Lendenwirbelsäule
RÜCKENSTRECKER UND VIELGESPALTENER RÜCKENMUSKEL	Streckung und Stabilisierung der Wirbelsäule
BREITER RÜCKENMUSKEL	Stabilisierung der Brust- und Lendenwirbelsäule sowie des Beckens

MUSKEL	FUNKTION
RAUTENMUSKEL	Zusammenziehen der Schulterblätter und Drehung nach unten
TRAPEZMUSKEL *Oberer, mittlerer und unterer Teil*	Streckung und kontralaterale Rotation der Halswirbelsäule, Zusammenziehen und Senkung der Schulterblätter
GERADER BAUCHMUSKEL *Auch als Sixpack bezeichnet*	Beugung der Wirbelsäule, Stabilisierung der Lendengegend und des Beckens
QUER VERLAUFENDER BAUCHMUSKEL *Musculus transversus abdominis*	Aufbau von Druck innerhalb des Bauchraumes, Stabilisierung der Lendengegend und des Beckens in der Bewegung
SCHRÄGE BAUCHMUSKELN *Innerer und äußerer Teil*	Beugung und Drehung von Wirbelsäule und Becken, Stabilisierung der Lendengegend und des Beckens

beansprucht. Das Crunch-Programm verschärft das bestehende Problem dann nur noch mehr.

Die Hauptfunktion der geraden Bauchmuskulatur besteht darin, die Distanz zwischen Brustkasten und Becken zu verkürzen. Auf dem Rad ist dies eine effektive Art, in eine aerodynamische Position zu kommen. Muss der Musculus rectus abdominis jedoch auch außerhalb des Radsports immer wieder arbeiten wie etwa beim Crunch-Training, führt das zu einer schlechten Haltung. Die Bandscheiben und die Lendenwirbelsäule werden dabei einem übermäßigen Druck ausgesetzt. Zur Verdeutlichung: Um im Stand einen Crunch auszuführen, würde man die Schultern runden und den Körper nach vorne wölben, um die Bauchmuskeln anzuspannen.

Ein weiteres Problem beim traditionellen Crunch: Die Übung wird auf dem Rücken liegend ausgeführt. So werden die Bauchmuskeln darauf getrimmt, dann aktiv zu werden, wenn der Rest des Körpers durch den Boden stabilisiert wird. Aber wie oft kommt es im Alltag vor, dass wir unsere Bauchmuskeln auf diese Art einsetzen? Praktisch nie! Wahrscheinlich käme es dir auch nicht in den Sinn, dich zur Vorbereitung auf ein Rennen auf den Rücken zu legen und mit den Beinen in der Luft zu strampeln wie bei der berühmten Gymnastikübung. So ein Training würde niemals zu besseren Leistungen im Sattel führen.

Wie bereits zuvor erwähnt ist das größere Problem bei crunch-lastigen Trainingseinheiten die Entwicklung eines muskulären Ungleichgewichts. Dieses verringert die Fähigkeit des Körpers, auf dem Rad für die maximale Stabilität und Kraftentwicklung zu sorgen. Ist ein Muskel (in diesem Fall der gerade Bauchmuskel) überentwickelt, geht dies zu lasten der umliegenden Muskulatur. Diese kann dann nicht mehr effektiv ihre Funktion erfüllen. Bei der Core-Muskulatur betrifft dies am häufigsten die quer verlaufende Bauchmuskulatur (Musculus transversus abdominis), die innere schräge Bauchmuskulatur sowie die Muskeln des unteren Rückens. Diese Gruppen sind hauptverantwortlich für die Stabilisierung des Beckens und der Wirbelsäule während der Bewegung. Sind sie nicht voll leistungsfähig, leidet darunter stark die Fähigkeit des Körpers, sich mit maximaler Kraft und Effektivität zu bewegen.

Damit der Core seine Arbeit erledigen kann, muss jeder Muskel gleich stark sein. Keine Gruppe darf dominant sein. Um diese Art der Balance herzustellen, gilt es die Crunches aus dem Programm zu streichen. Nur so bekommen auch die anderen Muskeln die Chance, sich zu beteiligen.

Die Vorstellung, ein Trainingsprogramm für den Core ohne Crunches zu absolvieren, mag manchen abwegig erscheinen. Wir wurden von Kindesbeinen an auf das Schönheitsideal des Sixpack konditioniert, wofür der Crunch als ultimatives Erfolgsrezept präsentiert wurde. Selbst in den Jugendzeitschriften gibt es schon Trainingstipps für den Waschbrettbauch. Zeit, umzudenken, den Bauchmuskeltrainer einzumotten und den gesamten Core zu trainieren.

Core-Arbeit für Radsportler

Wenn man als Radsportler keine Crunches machen soll, was dann? Es reicht nicht aus, nach dem Zufallsprinzip alle Core-Muskeln zu bearbeiten und zu hoffen, dass dabei in allen Muskelgruppen effektiv Kraft aufgebaut wird.

Vielmehr gilt es, den Core auf funktionale Art und Weise mit Übungen zu fordern, die den Bewegungen und Anforderungen des Radsports nachempfunden sind.

Doch was genau ist ein funktionales Core-Training? Allgemein gesagt ist das ein Training, das die Kriterien erfüllt, wie sie etwa die amerikanische *National Academy of Sports Medicine* formuliert: „Funktionale Bewegungsmuster umfassen Abläufe zum Abbremsen, zur Stabilisierung und zur Beschleunigung, die alle beteiligten Gelenke einer kinetischen Kette in allen drei Bewegungsebenen mit einbeziehen."

Noch Fragen? Ja? Gut, sehen wir uns doch einmal etwas genauer an, was damit eigentlich gemeint ist. Zunächst einmal besagt die obige These, dass die Trainingseinheiten auf den Bewegungsmustern der Disziplin aufbauen sollten, für die man trainiert. Als Radfahrer müssen wir also die Muskeln, Gelenke und Gewebsregionen des Körpers trainieren, die wir auch beim Radfahren benötigen, sodass alles optimal funktioniert. Anders gesagt: Die Übungen des Core-Programms sollten auf *spezifische Bewegungsmuster* und weniger auf *spezifische Muskeln* abzielen.

Vor diesem Hintergrund wird schnell klar: Sich auf den Rücken zu legen, um zahllose Crunches abzuspulen, ist alles andere als funktional. So ein Training bringt uns nicht einmal ansatzweise dem eigentlichen Ziel näher: einer ausgeglichenen Kraft- und Stabilitätsgrundlage.

Wir brauchen also funktionale Übungen. Daher lohnt es sich, wenn wir uns erst einmal mit dem Prinzip des funktionalen Trainings befassen.

Abstoppen

Das Abstoppen wird auch als exzentrische Muskelkontraktion bezeichnet. Dies beschreibt die Fähigkeit des Körpers, eine Bewegung sicher und effektiv zu verlangsamen. Bildlich gesprochen geht es also darum, bei einer bestimmten Aktion auf die Bremse zu treten. Aber keine Angst: Diese Art der Entschleunigung bedeutet nicht, dass du dich langsamer fortbewegst. Der einzige Faktor, den du dadurch ausbremst, ist deine Verletzungsanfälligkeit. Wenn du die Muskulatur nicht sicher und effektiv wieder stoppen kannst, nachdem du sie in Bewegung versetzt hast, überdreht sie sozusagen, und es kommt zu Verletzungen. Stell dir vor, du würdest in einem Auto ohne Bremspedal fahren, das ständig beschleunigt. Irgendwann würde es zwangsläufig zum Unfall kommen, mit den entsprechenden negativen Konsequenzen. Beim menschlichen Körper verhält es sich ganz ähnlich.

Welche verhängnisvolle Folgen eine schlecht ausgeprägte oder unzureichende Fähigkeit zur Verlangsamung der Muskulatur nach sich ziehen kann, lässt sich am besten durch die vielen Kreuzbandrisse belegen, zu denen es im Sport immer wieder kommt. Die vorderen Kreuzbänder sind zwar nicht Teil des Core. Doch sind die Kreuzbandrupturen oft auf die Oberschenkelrückseite zurückzuführen, die ein fester Bestandteil des Core-Systems ist. In Deutschland ereignen sich pro Jahr etwa 100.000 Kreuzbandverletzungen, der überwiegende Teil davon im Sport. In den meisten Fällen ist das vordere Kreuzband betroffen, oft ohne äußeren Kontakt mit Gegenständen oder Kontrahenten. Ein Riss des Lca ohne fremde Kontakteinwirkung ist fast immer auf unzureichende Kraft in der Oberschenkelrückseite zurückzuführen. Die Muskeln an der Beinrückseite sind dafür verantwortlich, bei Drehungen oder Landungen nach Sprüngen die Kniebeugung abzubremsen. Der Kreuzband-

TOMMY IN AKTION

Mir erschien die Vorstellung, die richtige Ausführung einer Kniebeuge zu erlernen, zunächst lächerlich – bis ich verstand, wie sich das auf meine Leistung im Sattel und beim Treten im Stand auswirken würde. Es ist mir seit jeher leicht gefallen, Kraft zu entwickeln, indem ich aus dem Sattel herausgehe. Wenn ich mich aber wieder setze, neige ich zu einem 2- bis 3-sekündigen Leistungsabfall. Sobald mein Körper wieder an die Sitzhaltung gewöhnt hat, erreiche ich wieder mein volles Potenzial. Durch die Arbeit an meiner Core-Power konnte ich diesen kurzen Leistungsabfall beheben. Das betraf vor allem meine Fähigkeit, mithilfe der Core-Muskulatur den Körper richtig abzubremsen, wenn es wieder zurück in den Sattel geht. Ich kann jetzt praktisch die ganze Zeit über Vollgas geben. Diese Stabilität beim Wechsel gibt mir auf Dauer einen entscheidenden Vorteil gegenüber der Konkurrenz.

riss ist ein Paradebeispiel dafür, wie Schwächen in der Core-Muskulatur zu Verletzungen führen können.

Da im Radsport keine schnellen Dreh- oder Sprungbewegungen notwendig sind, mag es überflüssig erscheinen, die Fähigkeit der Oberschenkelrückseite zum Abstoppen zu trainieren. Schließlich ereignen sich die meisten Kreuzbandrisse, von denen man im Bekanntenkreis hört, beim Fußball, Basketball oder Skifahren. Ein Radfahrer läuft vielleicht nicht Gefahr, sich beim Treten gegen den Ball auf dem Fußballplatz die Bänder zu reißen. Doch er absolviert jeden Tag unzählige Male den Bewegungsablauf der einfachen Kniebeuge. Und das erfordert exzentrische Muskelkontraktionen der Oberschenkelrückseite, um nach dem Anheben des Knies die Bewegung wieder abzubremsen und die Geschwindigkeit der Hüftbeugung nach vorn unter Kontrolle zu halten (Abbildung 1.5). Ohne ein sauberes Abbremsen würde der Körper zu schnell nach oben schießen, was eine gefährliche Belastung für die Hüfte und die Kniegelenke bedeuten würde.

Du bist immer noch nicht von Kniebeugen als Übung für Radsportler überzeugt? Eine kurze Frage: Gehst du jemals beim Fahren aus dem Sattel und dann wieder zurück? Wenn ja, musst du wissen, wie eine saubere Kniebeuge funktioniert.

Stabilisierung

Der zweite Aspekt des funktionalen Trainings ist die Stabilisierung, fachsprachlich auch als isometrische Muskelkontraktion bezeichnet. Zur isometrischen Muskelarbeit kommt es, wenn die Muskulatur ihre Länge nicht verändert, sich also nicht aktiv dehnt oder verkürzt. Bei den entsprechenden Übungen verharren die Gelenke an beiden Muskelenden in einer festen Position.

Beim herkömmlichen Krafttraining dient oft eine Maschine, Bank oder sonstige stabile Oberfläche dem Körper als Stütze. Beim funktionalen Training erfolgt die Stabilisierung durch den Körper selbst, und zwar durch dynamische und isometrische Übungen (d. h. mit und ohne Bewegung). Der Gedanke, dass die Core-Muskulatur den Körper während der Bewegung stabilisiert, mag ungewohnt erscheinen. Doch genau darin liegt das Potenzial dieser Muskulatur

ABBILDUNG 1.5 **BETEILIGTE CORE-MUSKULATUR BEI DER KNIEBEUGE**

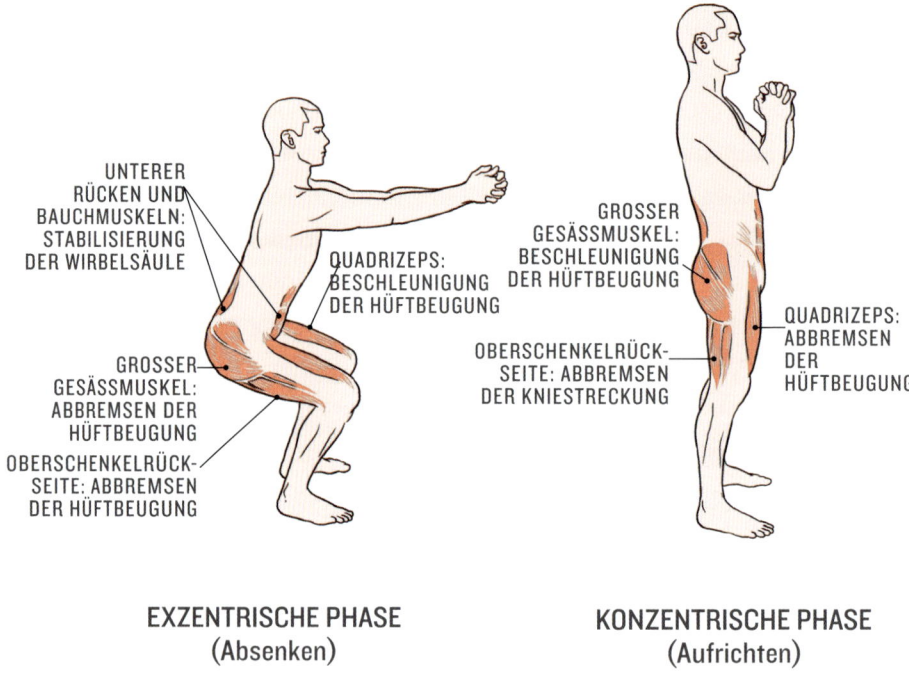

UNTERER
RÜCKEN UND
BAUCHMUSKELN:
STABILISIERUNG
DER WIRBELSÄULE

QUADRIZEPS:
BESCHLEUNIGUNG
DER HÜFTBEUGUNG

GROSSER
GESÄSSMUSKEL:
BESCHLEUNIGUNG
DER HÜFTBEUGUNG

QUADRIZEPS:
ABBREMSEN
DER
HÜFTBEUGUNG

GROSSER
GESÄSSMUSKEL:
ABBREMSEN DER
HÜFTBEUGUNG

OBERSCHENKELRÜCK-
SEITE: ABBREMSEN
DER KNIESTRECKUNG

OBERSCHENKELRÜCK-
SEITE: ABBREMSEN
DER HÜFTBEUGUNG

EXZENTRISCHE PHASE
(Absenken)

KONZENTRISCHE PHASE
(Aufrichten)

für Radfahrer. Bei jedem Tritt aufs Pedal muss der Core den Körper auf dem Rad dynamisch stabilisieren. Ohne die richtige Stabilisierung würden sich die Wirbelsäule und das Becken während des Fahrens unkontrolliert umherbewegen. Das brächte für den Fahrer nicht nur die Gefahr mit sich, vom Rad zu fallen. Auch die Fähigkeit der effektiven Kraftübertragung von der Core-Muskulatur zu den Extremitäten würde darunter leiden.

Beschleunigung

Zu guter Letzt gibt es da einen Aspekt des funktionalen Krafttrainings, der alle Radsportler interessieren wird: die Beschleunigung. Wer schneller fahren will, muss schneller treten. Eine einfache Vorgabe, deren Umsetzung jedoch das Ergebnis einer sehr komplexen Kette neuromuskulärer Abläufe ist. Einer davon ist die konzentrische Muskelkontraktion, auch als Beschleunigung bezeichnet. Anders als bei der exzentrischen Kontraktion (beim Abbremsen) kommt es bei der konzentrischen Kontraktion zur Verkürzung der Muskelfaser. Wir haben schon die exzentrische Arbeit der Oberschenkelrückseite zum Abbremsen des Aufwärtsschwungs aus der Kniebeuge heraus erörtert. Sehen wir uns doch einmal an, welche Rolle diese Muskelgruppe bei der Beschleunigung spielt, wenn sie sich verkürzt.

Bei der Kontraktion und Verkürzung der Oberschenkelrückseite unterstützt die Muskulatur die Streckung der Hüfte und die Beugung des Knies. Zur Hüftstreckung kommt es beispielsweise, wenn jemand einen Schritt nach vorn macht und sich mit dem Fuß vom Boden abdrückt, sich aus einer sitzenden Position heraus aufrichtet oder den Fuß nach hinten ausstreckt. Auf dem Rad

TOMMY IN AKTION

Bei der Baskenland-Rundfahrt in Spanien 2012 konnte ich am eigenen Leib erfahren, was für eine große Rolle die Kontraktionsgeschwindigkeit spielt. Ich bereitete mich gerade auf die Saison 2012 vor und verbrachte so viel Zeit damit, an der Power auf dem normalen Straßenrad zu arbeiten, dass ich das Zeitfahren vernachlässigte. Als ich bei der Baskenland-Rundfahrt an die Startlinie ging, verfügte ich über außergewöhnliche Fitnesswerte auf dem Straßenrad. Ich ging also davon aus, dass es um meine Fitness beim Zeitfahren genauso gut bestellt sei, obwohl ich nicht so viel Zeit dafür investiert hatte. Beim ersten Zeitfahren kam dann das böse Erwachen: Meine Leistungswerte waren sehr niedrig, und ich fuhr eines meiner schlechtesten Zeitrennen. Ich gab wirklich alles, konnte aber einfach nicht die nötige Kraft entwickeln – nicht einmal ansatzweise. Ich denke, der Grund dafür war, dass die fürs Zeitfahren notwendige Muskulatur nicht die volle Leistung brachte. Und zwar deshalb, weil sie nicht daran gewöhnt war, in der stärker gestreckten Fahrposition die maximale Kraft zu entwickeln.

Es ist also wirklich wichtig fürs Zeitfahren, die Muskulatur auf die überstreckte Haltung vorzubereiten. Als ich wieder nach Boulder (Colorado) zurückkam, um mich für die Tour of California in Form zu bringen, konzentrierte ich mich darauf, die Oberschenkelrückseite und die Gesäßmuskulatur wieder ans Zeitfahren zu gewöhnen. Und es zahlte sich aus. Dass ich einen Platz auf dem Podest ergatterte, habe ich hauptsächlich der Tatsache zu verdanken, dass mir in allen Phasen des Rennens die maximale Kontraktionsgeschwindigkeit meiner Muskulatur zur Verfügung stand.

streckt der Fahrer die Hüfte, wenn er den Fuß nach unten führt. Das anschlie-ßende Hochziehen des Fußes in die obere Position wiederum bewirkt eine Knie-beugung. Aus diesem Grund ist die Oberschenkelrückseite auch die wichtigste Muskulatur für die Hubphase. Und genau deshalb beginnt die hintere Ober-schenkelmuskulatur auch zu brennen, wenn du dich auf die Hubphase statt auf die Druckphase konzentrierst.

Ein wichtiger Grundsatz der konzentrischen Muskelkontraktion: Die Kontraktionsgeschwindigkeit (die Beschleunigung) ist umgekehrt propor-tional zur Belastung des Muskels. Auf das Radfahren bezogen bedeutet das: Je geringer die Beanspruchung der Muskulatur, umso schneller kann sie sich anspannen. Das lässt sich ganz einfach nachvollziehen: Fahr auf einer flachen Straße in einem sehr niedrigen Gang mit wenig oder ohne Widerstand. Schalte dann schrittweise in höhere Gänge, um den Widerstand zu erhöhen. Halte aber dieselbe Trittfrequenz aufrecht. Irgendwann bist du nicht mehr in der Lage, die Kurbelfrequenz durchzuhalten, weil sich die Muskulatur nicht mehr so schnell zusammenziehen kann. Die Belastung der Muskulatur hat zugenommen, wobei gleichzeitig die für die Kontraktion mögliche Geschwindigkeit abgenommen hat. Eine der vielen Fähigkeiten, die Weltklassefahrer auszeichnen: Sie kön-nen eine sehr hohe Trittfrequenz aufrechterhalten – selbst, wenn der Muskel starken Belastungen oder Kräften ausgesetzt ist.

Core-Power in allen Bewegungsebenen

Wenn du verstehst, wie das Abbremsen, die Stabilisierung und die Beschleuni-gung das Core-Training beeinflussen, ist das auf jeden Fall hilfreich. Was aber das funktionale Core-Krafttraining vom herkömmlichen Ansatz wirklich unter-scheidet: Es berücksichtigt alle diese Bewegungsvariablen in unterschiedlichen Bewegungsebenen (Abbildung 1.6).

Beim traditionellen Ansatz des Krafttrainings wird die Muskulatur häufig isoliert betrachtet und in einem stabilen und kontrollierten Umfeld innerhalb einer Bewegungsebene beansprucht. Ein Beispiel ist das einfache Bankdrü-cken. Bei dieser Übung legt sich der Sportler auf den Rücken und drückt eine mit Gewichten beladene Stange nach oben. Die Bewegung hat zwar das Po-

ABBILDUNG 1.6 **BEWEGUNGSEBENEN**

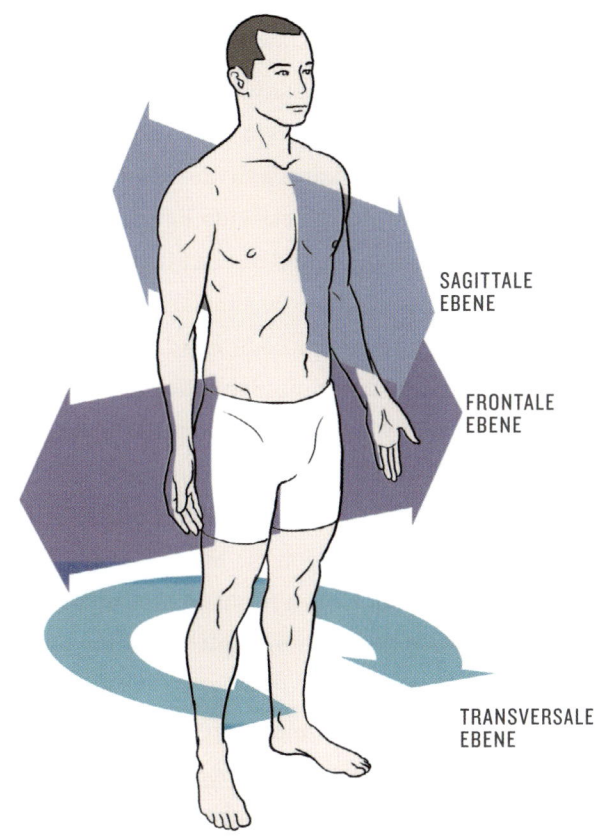

SAGITTALE
EBENE

FRONTALE
EBENE

TRANSVERSALE
EBENE

tenzial, Muskelmasse aufzubauen und die Kraftentwicklung der Brust- und Schultermuskulatur zu erhöhen. Doch das war es dann auch schon auf. Das Bankdrücken gibt dir möglicherweise schicke Muckis für den Strand, verbessert aber nicht unbedingt deine Fähigkeit, die Muskulatur im Alltag und im Sport auch effektiv einzusetzen.

Bei vielen der althergebrachten Übungen fehlt die feste Verbindung zwischen Nerven- und Muskelsystem. Bleiben wir einmal beim Beispiel des Bankdrückens, um uns die beteiligten Gelenke und Muskeln sowie die durchlaufenen Bewegungsebenen anzusehen. Der Hauptmuskel (der Agonist) ist der große Brustmuskel. Zusätzliche Kraft liefern die Synergisten: der vordere Deltamuskel, der kleine Brustmuskel und der zweiköpfige Armmuskel (Bizeps). Nicht beteiligt sind die Halte- und Stützmuskeln. Schließlich wird der Körper bereits durch die Bank in Position gehalten. Das bedeutet: Die Muskulatur, die normalerweise diese Arbeit übernimmt, wird ausgeklammert und bei diesem Bewegungsablauf unter Gebühr beansprucht.

Außerdem kommt beim Bankdrücken normalerweise die Langhantel zum Einsatz. Das bedeutet, dass der Hubweg ziemlich festgelegt ist. Wird eine Bewegung mit einem vorhersehbaren und festen Muster absolviert, wird nur eine Bewegungsebene mit einbezogen, in diesem Fall die sagittale Ebene.

Diese Art des Trainings wäre also sehr nützlich, wenn jemand seine Brustmuskulatur im Alltag nur in einer einzigen Bewegungsebene nutzen würde. Das macht aber keiner. In der Realität wird fast nie ein Muskel auf eine so vorhersehbare Weise verwendet. Hier kommt das funktionale Training ins Spiel: Zur Stärkung der Core-Muskulatur muss das Training die tatsächlichen Situationen nachempfinden, in denen sich die Muskeln im Alltag oder beim Sport bewähren müssen. Mit den richtigen funktionalen und radsportspezifischen Core-Übungen vermeidest du es, deine Zeit mit Übungen zu vergeuden, die deiner Leistung nichts bringen.

Doch wie lassen sich funktionale von herkömmlichen Core-Übungen unterscheiden? Bei funktionalen Übungen muss sich der Körper selbst stabilisieren. Es sind keine Bänke oder Maschinen erlaubt. Zudem wird in meh-

TABELLE 1.2 VERGLEICH HERKÖMMLICHER UND FUNKTIONALER CORE-ÜBUNGEN

HERKÖMMLICH	FUNKTIONAL
Oberschenkel-Curl an der Maschine	Hüftheben *(siehe S. 113)*
Rudermaschine	Schulterblattpressen *(siehe S. 114)*
Normaler Crunch	Bergsteiger *(siehe S. 115)*
Adduktoren/Abduktoren-Maschine	Ausfallschritt über Kreuz *(siehe S. 145)*

reren Bewegungsebenen gearbeitet, während die Muskulatur auf mehrere Arten gefordert wird: Sie muss den Körper beschleunigen, abbremsen und in Position halten. In Tabelle 1.2 sind einige Beispiele für Unterschiede zwischen herkömmlichen und funktionalen Core-Übungen aufgeführt. Beschreibungen und Erklärungen zu den funktionalen Übungen findest du in Teil 2 dieses Buches.

Core-Power für mehr Balance im Sattel

Einer der wichtigsten leistungstechnischen Vorzüge des funktionalen Core-Trainings ist die verbesserte Balance. Durch die erhöhte funktionale Kraft im Core steigt auch die Effektivität des neuromuskulären Systems, einer der Hauptfaktoren für ein verbessertes Körpergleichgewicht.

Die neuerungsmuskuläre Effektivität bezieht sich auf die Fähigkeit des Nervensystems, die richtigen Muskeln anzusprechen, um die Bewegung des Körpers in allen drei Bewegungsebenen zu kontrollieren. Von der gesteigerten Reaktionsfähigkeit des Nervensystems auf äußere Einflüsse profitiert auch die Balance. Zu den äußeren Einflüssen zählen die Schwerkraft, die Bodenbeschaffenheit, der Schwung des Körpers und die Bewegungen anderer Muskelgruppen. Eine gute Balance ist also letztendlich nichts anderes als die angemessene Reaktion aufs Umfeld.

Bei jedem Schritt nach vorn muss der Körper beispielsweise auf den Widerstand des Bodens, die Bewegungsgeschwindigkeit und die durch die kontrahierenden Muskeln bereitgestellte Kraft reagieren. Ohne Gleichgewichtssinn würde der Mensch beim Laufen einfach umfallen.

Beim Radfahren sorgt die Balance für die Stabilisierung des Körpers auf dem Rad, sowohl isometrisch (beim Halten einer Position) als auch dynamisch (in Bewegung). Die isometrische Balance ist auf dem Rad in unterschiedlichen Szenarien gefordert: beim Bergabfahren, beim Anhalten und jedes Mal, wenn die Fahrposition ohne Bewegung der Arme und Beine gehalten werden soll. Um echte isometrische Balance zu erreichen, muss jeder Muskel im Core seinen Beitrag leisten. Gibt es nur ein schwaches Glied in der Kette, überträgt sich das auf die benachbarten Muskelgruppen. Dies kann verheerende Auswirkungen

TOMMY IN AKTION

Wenn du das Rad und den Körper beim Fahren in Position halten kannst, bleibst du immer fest im Sattel. Doch das ist noch lange nicht alles. Bei den meisten Leuten steigt die Herzfrequenz an, wenn sie aus dem Sattel gehen. Ich kann inzwischen jedoch aufstehen, ohne meine Herzfrequenz zu stark zu beeinträchtigen. Das liegt daran, dass ich das Rad mit der Core-Muskulatur stabilisieren kann.

Wenn du beim Anstieg aus dem Sattel gehst, musst du sowohl den Ober- als auch den Unterkörper einsetzen, um den Körper rhythmisch auf und ab zu bewegen. Ohne effektiven Core kannst du dieses Auf und Ab nicht über längere Zeit durchhalten. Deine Arme bringen dann Höchstleistungen, während deine Beine in die Pedale treten, doch arbeiten die Extremitäten voneinander unabhängig. Eine starke Core-Muskulatur hingegen verknüpft die neuromuskuläre Kraftübertragung zwischen Armen und Beinen. Auf die Art hältst du die Herzfrequenz flach, weil du weniger Energie verbrauchst. Je stärker der Core, umso länger kannst du aufstehen, ohne dass die Herzfrequenz nach oben schießt.

haben, wenn du mit gut 60 Sachen einen Berg hinunterrauschst und auf ein Schlagloch triffst.

Ebenso wichtig wie die isometrische Balance ist die dynamische. Das zugrunde liegende Konzept ist oft schwer zu verstehen. Das liegt hauptsächlich daran, dass das Wort Balance eigentlich die Vorstellung eines unbewegten Gleichgewichts vermittelt. Wenn wir jedoch den Core unter funktionalen Aspekten betrachten, müssen wir die Balance sowohl in starren Haltungen als auch in der Bewegung mit einbeziehen.

Selbst so grundlegende Abläufe wie das Treten in die Pedale erfordern ein überraschend großes Maß dynamischer Stabilisierung. Es gibt 29 Muskeln, die mit dem Lenden-Becken-Hüft-Komplex verbunden sind. Sie alle arbeiten beim Treten zusammen. Und das nicht nur, um das Rad voranzutreiben.

Sie verhindern auch, dass du beim Fahren umfällst. Können die Core-Muskeln das Becken während des normalen Pedalzyklus nicht stabil in Position halten, muss der Rest des Körpers Korrekturen vornehmen, um die seitliche Kippbewegung bei jedem Pedaltritt auszugleichen.

Noch klarer wird das Prinzip der dynamischen Stabilisierung beim Anstieg, wenn du aus dem Sattel herausgehst. Mit jedem Tritt, den du im Stehen absolvierst, muss die Core-Muskulatur den Körper über dem Rad in Position halten. Das vermeidet unnötige Energieverluste durch Seitwärtsbewegungen. Die tief liegende Stützmuskulatur hält Wirbelsäule und Becken gerade. So können die Muskeln an der Peripherie der Core-Muskulatur schneller und effektiver die Pedale bewegen. Hast du dich beim Bergauffahren aus dem Sattel schon einmal schwach, instabil oder einfach nur unangenehm gefühlt? Gut möglich, dass eine schwache Core-Muskulatur daran schuld war. Wenn die Halte- und Stützmuskulatur einmal gestärkt ist und die volle Leistung bringt, kannst du ohne Kraftverluste fließend aus dem Stand in den Sattel zurückkehren und umgekehrt.

Mehr Leistung durch Core-Power

Dass sich starke und funktionale Muskeln in der Körpermitte auf den Energieumsatz der Beine auswirken, erscheint alles andere als offensichtlich. Aber genau darauf basiert das Prinzip.

Mit einem kräftigen Core geht bei der Kraftübertragung weniger Energie verloren. Die meiste Energie verpufft im Rumpf, wenn der Körper nicht dazu in der Lage ist, die Gelenke richtig zu stabilisieren. Schuld ist oft eine schwach ausgeprägte Core-Muskulatur, welche die Wirbelsäule und das Becken nicht richtig in Position halten kann.

Eine weitverbreitete Schwachstelle beim Radfahren ist die Lendenwirbelsäule (der untere Rücken). Ist die tief liegende Halte- und Stützmuskulatur nicht stark genug, um das Becken während des Pedalzyklus in Position zu halten, kommt es in der Druckphase des Fußes zur übermäßigen Beugung und Streckung des Rückens. Die Energie wandert dann in den unteren Rücken, anstatt an die kräftigere große Gesäßmuskulatur übertragen und dort verstärkt zu werden. Oder mit den Worten Mike Allens, der in der Steadman Hawkins Clinic in der amerikanischen Stadt Denver die Reha-Abteilung leitet: „Im Radsport hängen Effektivität, Kraftübertragung und Verletzungsprävention stark von der Fähigkeit des Sportlers ab, über längere Zeitspannen hinweg eine saubere Körperhaltung beizubehalten. Verletzungen im unteren Rücken und im Knie ergeben sich häufig durch Haltungsfehler, bei denen die Energie über Kompensationsmechanismen an benachbarte Körperstrukturen weitergegeben wird. Ein gut durchdachtes Programm zur Stärkung des Rumpfes und der Hüfte ist sowohl für die Leistung als auch die langfristige Sicherheit unverzichtbar."

Der zweite wichtige Wirkungsmechanismus, über den der Core die Leistung erhöht: Er dient den Beinen als starkes Fundament, auf dem sie ihre Kraft voll entfalten können. Alle Muskelgruppen der Beine wie die Oberschenkelrückseite, der Quadrizeps und die Gesäßmuskulatur haben ihren Ursprung am Becken. Ist der Core schwach, ist auch das Becken instabil, und die Beinmuskeln können sich nicht mit optimaler Effektivität bewegen. Der Core leitet die Kraft an die Extremitäten weiter. Er sorgt für maximale Effektivität und minimale Energieverluste.

Ein letztes Argument: Sind die Extremitäten wie der Quadrizeps und die Oberschenkelrückseite kräftig, die Core-Muskeln aber schwach, ergeben sich ineffektive Bewegungsmuster. Auch dies führt zum Energieabfall. Ist ein Muskel so stark und dominant, dass er die Funktion anderer Muskeln übernimmt, bestimmen am Ende die Synergisten den Bewegungsablauf (sprich: die Muskeln, welche die Bewegung eigentlich nur unterstützen sollen). Jeder Muskel des Körpers erfüllt als sogenannter Agonist eine spezifische Funktion. So ist der große Gesäßmuskel etwa die Triebfeder (der Agonist) der Hüftstreckung. Beim Radfahren wird die Hüfte mit jedem Druck nach unten auf die Pedale gestreckt. Es ist also wichtig, dass der Körper dieses Bewegungsmuster sauber durchläuft.

TOMMY IN AKTION Im Radsport entscheidet die Kraft über Sieg oder Niederlage. Wer über den längsten Zeitraum hinweg die meiste Power entwickelt, kommt als Erster über die Ziellinie.

Um schnell Energie freizusetzen und zu beschleunigen, muss der Fahrer mit einem Bein an einem Pedal ziehen, während er mit dem anderen Fuß das andere Pedal nach unten drückt. Es ist ganz wesentlich, dass bei diesem Ablauf keine Energie auf Höhe der Core-Muskulatur verloren geht. Es heißt immer wieder, dass bereits ein Prozent Energie den Unterschied zwischen Platz eins und Platz zehn ausmachen kann. Und der Core deckt genau dieses eine Prozent ab.

Während der große Gesäßmuskel als Agonist fungiert, unterstützen die Muskeln an der Oberschenkelrückseite sowie die Rückenstrecker links und rechts neben der Wirbelsäule die Bewegung als Synergisten. Das ist vergleichbar mit dem Pressing im Fußball: Einer der Spieler geht aktiv auf den ballführenden Gegner zu, während die Teamkollegen neben und hinter ihm den Raum abdecken. Jeder Spieler hat einen Bereich des Spielfelds oder einen Gegenspieler, für den er hauptverantwortlich ist. Dazu muss er zusätzlich auch seine Teamkollegen unterstützen. Erledigt der Offensivspieler an vorderster Front seinen Job nur halbherzig, müssen die Mittelfeldleute hinter ihm in die Bresche springen und entsprechend härter arbeiten. Es entstehen dann immer wieder neue Lücken, die sich nach hinten in die Abwehr fortsetzen, bis irgendwann das ganze System zusammenbricht. Genauso verhält es sich mit der Muskulatur. Erfüllt der große Gesäßmuskel als Teil des Core seine Hauptaufgabe als Hüftstrecker nicht ordnungsgemäß, müssen die Synergisten einspringen, in dem Fall die Muskulatur an der Oberschenkelrückseite sowie die Rückenstrecker. Allerdings sind sie nicht als Hauptmuskeln für diese Aufgabe ausgelegt. Das ist insofern problematisch, als diese Arbeit die beiden Muskelgruppen irgendwann überfordert, was zu Verletzungen führt. Ein zweiter Nachteil: Diese Muskeln sind anders als der große Gesäßmuskel nicht so gut für die Aufgabe geeignet. Sie können also unmöglich mit derselben Energie und Effektivität arbeiten

An die Arbeit!

Die Anleitungen in diesem Buch konzentrieren sich auf Core-Übungen speziell für den Radsport. Alle in diesem Kapitel angesprochenen Prinzipien wurden bei der Zusammenstellung der Trainingsprogramme für einen funktionalen Core berücksichtigt. Ziel der Programme ist die Erhöhung der neuromuskulären Effektivität, die Stärkung der Muskulatur über alle Bewegungsebenen hinweg, die Verbesserung von Balance und Koordination sowie die optimierte Energieübertragung.

Willst du auf dem Rad bessere Leistungen erzielen, solltest du jetzt gleich damit anfangen, das funktionelle Core-Training mit ins Programm einfließen zu lassen. Dafür sind Geduld und Fleiß nötig, und es wird wahrscheinlich den einen oder anderen Moment der Ernüchterung geben. (Mehr zu diesem Thema in Teil 2 in den Beiträgen „Tommy in Aktion"). Die Belohnung für all die Mühe ist ein starker und funktionaler Core, der dir helfen wird, im Sattel bessere Leistungen abzurufen.

KAPITEL 2

Schutz vor Verletzungen

Wenn du einen Radfahrer kennst, der noch nie verletzt war, lass dir ein Autogramm von ihm geben. Das wird dir nämlich keiner glauben. Unter Radsportlern sind Verletzungen so weit verbreitet, dass beschwerdefreies Fahren fast wie Science-Fiction klingt. Das Radfahren ist zwar eine tolle Möglichkeit, sich ohne die Nebenwirkungen in Form zu bringen, die stärker belastende Sportarten wie das Laufen mit sich bringen. Trotzdem ist es eine Tatsache, dass unter den Radfahren der Anteil an Sportverletzungen ungewöhnlich hoch ist.

Die häufigsten Unfälle ohne Fremdeinwirkung sind muskuläre Überlastungen und Verletzungen der Bandscheiben (Abbildung 2.1). Glücklicherweise kann die Arbeit am Core helfen, das Risiko solcher Verletzungen zu senken und die Regeneration bereits vorliegender Beschwerden zu beschleunigen.

Muskuläre Überlastung

Es kann schwer sein, solche Überlastungen zu identifizieren. Oft hat der Sportler nämlich erst dann Schmerzen, wenn es zu spät ist. In sportmedizinischen Kliniken sind häufig Geschichten nach dem folgenden Muster zu hören: „Ich habe keine Ahnung, was passiert ist. Am Tag zuvor bin ich noch gefahren, und dann haben plötzlich die starken Schmerzen außen am Knie angefangen. Jetzt tut es jedes Mal beim Fahren weh."

ABBILDUNG 2.1 HÄUFIGE RADSPORTVERLETZUNGEN

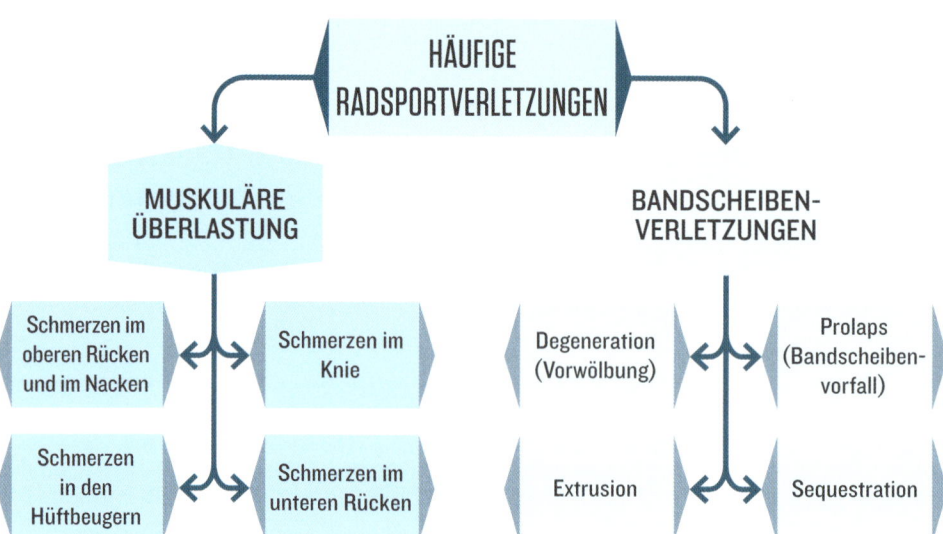

Auch, wenn es sich so anfühlt, als wären die Schmerzen von heute auf morgen gekommen: Das Problem hat sich wahrscheinlich über längere Zeit aufgestaut, bis die muskuläre Verletzung irgendwann aufgebrochen ist.

Beim Radsport sind die am meisten überlastungsanfälligen Körperteile die Knie, die Hüftbeuger, der untere und obere Rücken und der Hals. Manchmal ist eine Überlastung einfach das Ergebnis zu langer Fahrstunden. Die Muskulatur kann nur ein gewisses Maß an Belastung ertragen, bevor sie ermüdet und „zumacht". In den meisten Fällen sind Überlastungserscheinungen aber das Ergebnis einer falschen muskulären Beanspruchung, die den Muskel an seine Grenzen bringt.

Die Prozesse, durch die ein Muskel in eine falsche Rolle hineingerät, sind kompliziert. Es fängt aber fast immer mit einem schwachen Glied in der Muskelkette des Core an. In diesem Kapitel lernst du, welche Core-Muskeln die größten potenziellen Schwachpunkte darstellen, und wie solche Schwächen zu einem selbsterhaltenden Verletzungszyklus führen können. Wer die zugrunde liegenden Mechanismen verstanden hat, dem ist auch klar, warum eine starke und gesunde Core-Muskulatur im Radsport so wichtig ist, um Schmerzen und Beschwerden vorzubeugen.

Schmerzen im Hüftbeuger

Wenn du während einer Tour immer wieder aufstehen musst, um dir mit der Hand über die Hüftknochen zu reiben, hast du es mit einer Überlastung des Hüftbeugers zu tun. Ist die Muskulatur in diesem Bereich überlastet, entzündet sie sich. Das verursacht Schmerzen und Krämpfe, deren Intensität von unangenehm bis zu kaum auszuhalten gehen kann. Typisch ist, dass die Schmerzen zunehmen, wenn die Hüftbeuger stärker beansprucht werden. Dies ist der Fall, wenn sich der Oberkörper den Knien nähert (wie es vor allem beim Zeitfahren der Fall ist) und der Widerstand auf die Hüftbeuger steigt (bei Bergfahrten und langsamen Trittfrequenzen).

Irgendwann ist der Schmerz jedes Mal spürbar, wenn es zur Hüftbeugung kommt, die Knie zum Brustkorb angehoben werden oder der Brustkorb zu den Knien abgesenkt wird. Da es bei jedem Tretzyklus zur Hüftbeugung kommt, können die Beschwerden schnell zunehmen. Um Abhilfe gegen die quälende Verletzung zu schaffen, müssen wir uns ansehen, wie wir die Hüftbeuger durch das richtige Core-Training stärken können.

Dazu gilt es erst einmal zu verstehen, dass der Hüftbeuger aus einer Gruppe von fünf Muskeln besteht, die alle an der Hüftbeugung beteiligt sind. Das ist auch der Grund, warum so häufig Beschwerden in diesem Bereich auftreten. Je mehr Muskeln an einer Aktion beteiligt sind, umso komplizierter ist schließlich das Zusammenspiel. Die fünf Hüftbeugemuskeln sind im Einzelnen: der Oberschenkelfaszienspanner, der gerade Schenkelmuskel (einer der vier Quadrizeps-Muskeln), der Schneider-, der Darmbein- sowie der Lendenmuskel (Abbildung 2.2).

Beim Radfahren werden die Hüftbeuger übermäßig beansprucht, weil der Oberkörper nach vorn geneigt ist (wodurch die Hüfte gebeugt wird), während die Knie immer wieder zum Brustkorb geführt werden (dies kommt einer zusätzlichen Hüftbeugung gleich). Wer die Hände auf den unteren Teil des Rennradlenkers oder beim Zeitfahren auf den Triathlonlenker setzt, verkürzt die Hüftbeuger noch mehr. Durch die chronische Verkürzung verliert der Muskel seine Fähigkeit, sich wieder vollständig zu dehnen, wenn kein regelmäßiges Stretching-Programmm genutzt wird.

ABBILDUNG 2.2 **HÜFTBEUGER UND BELASTUNG DER LENDENMUSKELN**

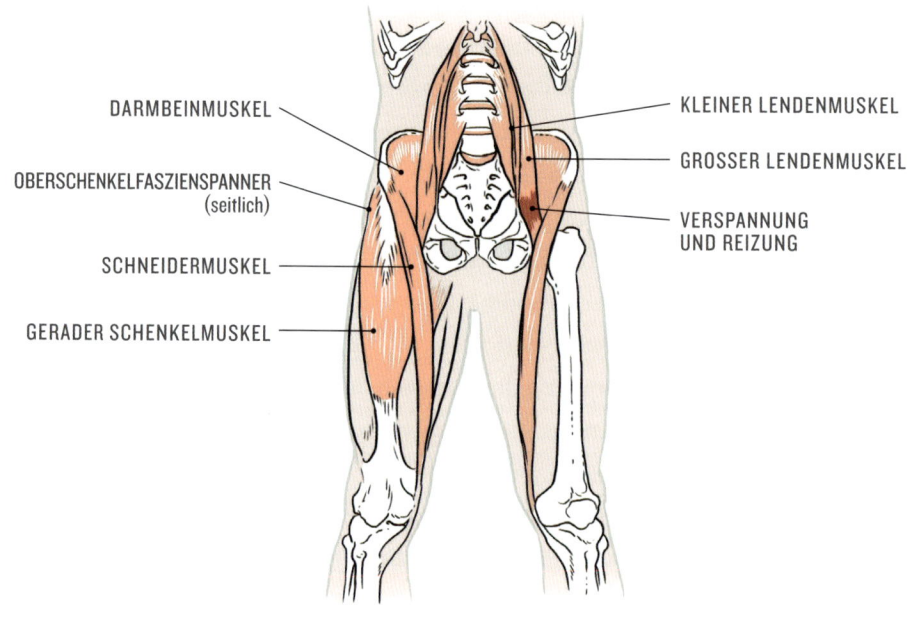

DARMBEINMUSKEL

OBERSCHENKELFASZIENSPANNER
(seitlich)

SCHNEIDERMUSKEL

GERADER SCHENKELMUSKEL

KLEINER LENDENMUSKEL

GROSSER LENDENMUSKEL

VERSPANNUNG
UND REIZUNG

ABBILDUNG 2.3 **OPTIMALES LÄNGEN-SPANNUNGS-VERHÄLTNIS EINER MUSKELFASER**

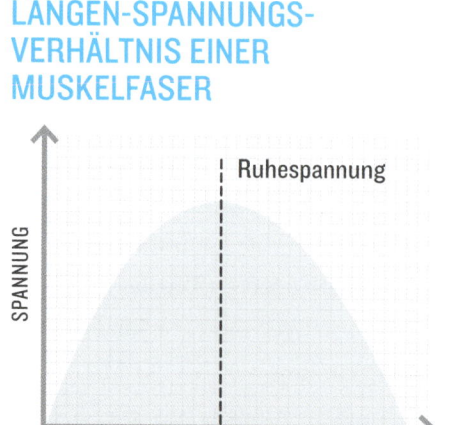

ABBILDUNG 2.4 **REDUZIERTES LÄNGEN-SPANNUNGS-VERHÄLTNIS EINER MUSKELFASER**

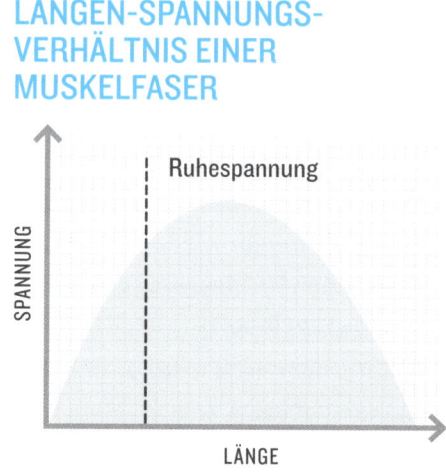

Wenn die Fähigkeit des Muskels verloren geht, sich über das gesamte Bewegungsausmaß hinweg zu dehnen und zusammenzuziehen, verändert sich sein Längen-Spannungs-Verhältnis. Dies beschreibt die Kraft, die eine Muskelfaser bei einer bestimmten Länge entwickelt (Abbildung 2.3). Durch die ständige Verkürzung und Verspannung verschiebt sich die Ruhespannung in der Grafik nach links. Die Spannung beziehungsweise das Kraftpotenzial des Muskels nimmt dann ab (Abbildung 2.4).

Im Fall der Hüftbeuger sind die beiden hierfür anfälligsten Muskeln der Lenden- sowie der Darmbeinmuskel. Durch die Verkürzung verlieren diese Muskeln ihre Fähigkeit zur optimalen Kraftentwicklung. Das ist ein großes Problem für Radfahrer, da Lenden- und Darmbeinmuskel die einzigen beiden Hüftbeuger darstellen, die in der Lage sind, das Knie um einen Hüftknick von 90 Grad hinaus anzuheben. Wenn dieser Fall eintritt, müssen andere Muskeln diese Arbeit erledigen. Das Problem dabei ist, dass die anderen drei Hüftbeuger das Knie nur mit Schwung so weit nach oben führen können. Der Muskel, der dabei auf dem Rad die größte Kompensationsleistung als Vertreter des Lenden- und Darmbeinmuskels übernimmt, ist der Oberschenkelfaszienspanner. Er muss immer härter arbeiten, um die beiden eigentlich dafür gedachten Muskeln zu ersetzen. So kommt es zu Entzündungen und Reizungen. Das Endergebnis sind chronische Schmerzen im Bereich der Hüftbeuger. All das lässt sich durch das richtige Training der Lenden- und Darmbeinmuskeln vermeiden. Nutze zur Stärkung der Hüftbeuger und zur Verletzungsprävention einfach die Kräftigungsübungen in diesem Buch.

Knieschmerzen

Laut einer 2010 im „American Journal of Sports Medicine" veröffentlichten Studie sind Knieschmerzen bei Profiradfahrern der häufigste Grund für verletzungsbedingten Zeitverlust. Doch auch Hobbysportler sind nicht vor Knieschmerzen gefeit: In einer Nachbesprechung von Studien im Fachjournal „The Physician and Sports Medicine" wird geschätzt, dass 42 Prozent der Freizeitsportler mit Knieschmerzen zu kämpfen haben.

TOMMY IN AKTION
Was Schmerzen im Hüftbeuger angeht, so hatte ich in meiner Radsportkarriere bisher viel Glück. Aus irgendeinem Grund hatte ich in diesem Bereich noch nie richtig Probleme. Trotzdem tue ich alles, um meine Lendenmuskeln kräftig und gesund zu halten. Ich habe bei anderen Fahrern schon zu oft miterleben müssen, wie dieser Bereich zum schmerzlichen Problem wurde. Das ist übrigens ein weiterer Grund, warum ich so ein Verfechter einer starken und funktionalen Core-Muskulatur bin: Ich muss mich vor solchen Verletzungen schützen, um mich auf mein Tempo konzentrieren zu können!

Jetzt sind die Knie natürlich weit vom Core entfernt. Da stellt sich die Frage, warum chronische Knieschmerzen in einem Buch zum Core-Training erörtert werden. Der Zusammenhang sieht folgendermaßen aus: Knieschmerzen sind häufig das Endergebnis eines gestörten muskulären Gleichgewichts, das seine Ursache im Core hat. Klarer wird der Sachverhalt, wenn wir uns die beiden bei Radfahrern am weitesten verbreiteten Knieverletzungen ansehen: das patellofemorale Schmerzsyndrom (PFPS) sowie das iliotibiale Bandsyndrom (ITBS). Das patellofemorale Schmerzsyndrom beschreibt als Oberbegriff Schmerzen an der Knievorderseite. Der Name bezieht sich auf die Verbindung zwischen Patella (Kniescheibe) und Femur (Oberschenkelknochen). Paradoxerweise werden diese Schmerzen auch als Läuferknie bezeichnet, wobei der Umstieg aufs Rad Laufsportlern häufig empfohlen wird, um die Belastung des Knies zu reduzieren. Was aber viele nicht wissen: Das Radfahren kann zu ebenso starken Knieschmerzen führen wie Sportarten, welche die Gelenke stärker belasten.

Ein weiterer neuralgischer Punkt für viele Fahrradfahrer ist neben der Knievorderseite die laterale (sprich: die äußere) Seite des Knies. Bei Schmerzen an der Seite des Knies oder Oberschenkels handelt es sich häufig um das ITB-Syndrom. Der Tractus iliotibialis fasciae latae (auch IT-Band oder Maissiatscher Streifen) besteht aus Bindegewebe, das sich vom Darmbeinkamm an der Hüfte bis hinunter zum Schienbein (zur Tibia) zieht. Dabei passiert das IT-Band zwei Wölbungen. Die eine besteht aus Knochengewebe und befindet sich an der Außenseite des Knies. Der andere Knochenhöcker liegt an der Hüfte. Das Band gleitet bei jeder Beugung und Streckung des Beins über beide Tuberkel hinweg. Ist das IT-Band verspannt oder überlastet (siehe unten), kommt es an

TOMMY IN AKTION Zu Beginn der Trainingssaison 2012 hatte ich Schmerzen an der Knierückseite. Nach einigen Besuchen beim Masseur waren ein verspannter Lendenmuskel sowie ein schlaffer mittlerer Gesäßmuskel als Ursachen ausgemacht. Wir nutzten eine Kombination aus Massagen und Core-Übungen, um die verspannte Muskulatur einerseits zu lockern und andererseits zu stärken. So ließen sich die Knieschmerzen beheben. Seither hatte ich keine Probleme mehr.

den Höckern zur Reibung und zu Reizungen. Das Endresultat sind stechende Schmerzen an der Außenseite des Knies oder der Hüfte. Die Beschwerden treten meist erst auf, wenn du schon ein Stück gefahren bist.

Machen sich bei dir Symptome des PFP- oder ITB-Syndroms bemerkbar, besteht die erste Gegenmaßnahme darin, das Rad richtig einzustellen.

Manchmal lässt sich der Schmerz innerhalb von Sekunden beheben, indem du die Sitzhöhe veränderst. Solltest du jedoch trotz einer guten Einstellung des Rads immer noch chronische Schmerzen in den Knien oder seitlich am Oberschenkel haben, solltest du ein Muskelungleichgewicht als Schmerzursache in Betracht ziehen.

Gegen Knieschmerzen gehen Radsportler typischerweise folgendermaßen vor: (a) Sie kühlen den Bereich. (b) Sie schlucken viel Ibuprofen. (c) Sie verstehen nicht, warum die Schmerzen nicht automatisch wieder verschwinden. Der Grund dafür ist einfach: Das Knie selbst ist gar nicht das Problem. Der Schmerz strahlt zwar dorthin aus, entsteht aber an einer anderen Stelle. Das ist vergleichbar mit dem Ausführen eines Hundes, der an der Leine zieht. Auch wenn der Hund zwei Meter von einem entfernt ist, während er zieht, spürt man trotzdem die Schmerzen im Handgelenk, das die Leine hält. Damit die Probleme am Schmerzpunkt (am Handgelenk) nachlassen, muss der Hund am anderen Ende der Leine aufhören zu ziehen.

Aufs PFP- und ITB-Syndrom übertragen wäre die Leine das IT-Band, und der Hund der Oberschenkelfaszienspanner. Die Verspannungen und das Ziehen haben ihren Ursprung im Oberschenkelfaszienspanner, der wiederum am IT-Band zieht und so zu Reizungen und Überdehnungen des gesamten Bandes führt.

ABBILDUNG 2.5 **ITB- UND PFP-SYNDROM ALS FOLGE EINES MUSKELUNGLEICHGEWICHTS**

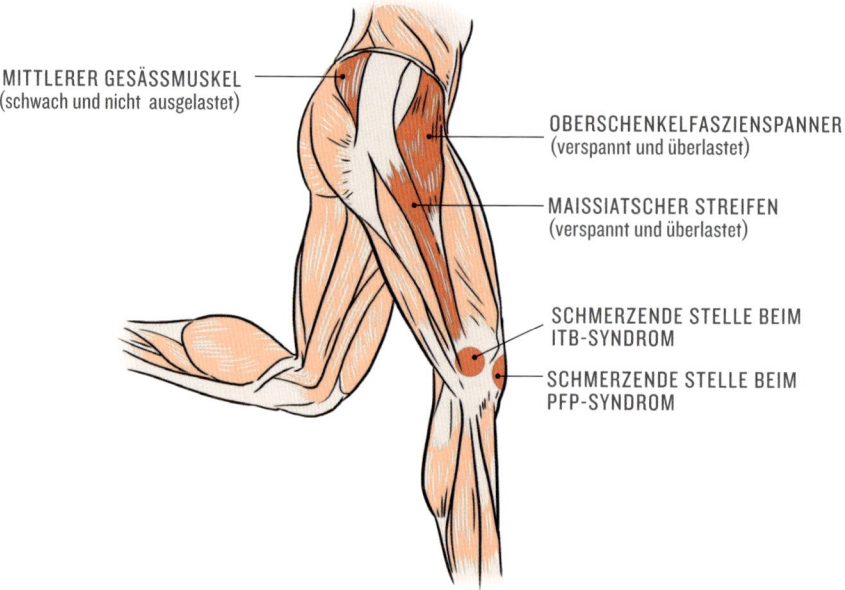

MITTLERER GESÄSSMUSKEL
(schwach und nicht ausgelastet)

OBERSCHENKELFASZIENSPANNER
(verspannt und überlastet)

MAISSIATSCHER STREIFEN
(verspannt und überlastet)

SCHMERZENDE STELLE BEIM
ITB-SYNDROM

SCHMERZENDE STELLE BEIM
PFP-SYNDROM

Dieser Zug setzt sich fort bis hinunter zum Knie. Obwohl sich die Schmerzen Knie bemerkbar machen, liegt dort nicht die Ursache des Problems. Es ist nur der Ort, an dem der Schmerz auftritt (Abbildung 2.5).

Damit der Zug aufhört, müssen wir die Ursachen dafür untersuchen, warum der Oberschenkelfaszienspanner überhaupt am IT-Band zieht. Im vorherigen Abschnitt über Schmerzen im Hüftbeuger haben wir gesehen, dass Überlastungen ein weitverbreiteter Grund für Verspannungen in der Muskulatur sind. Im Fall der Hüftbeuger ist der Oberschenkelfaszienspanner überlastet, weil er die Arbeit der verkürzten und schwachen Hüftlendenmuskulatur übernimmt. Im Fall von Knieschmerzen ist der Oberschenkelfaszienspanner überlastet, weil er die Aufgaben des mittleren Gesäßmuskels mit abdecken muss. Ist der mittlere Gesäßmuskel verspannt und geschwächt, verliert er seine Effektivität. Er kann dann nicht mehr die Hüfte stabilisieren, was eigentlich seine Aufgabe wäre. Mit anderen Worten: Das Längen-Spannungs-Verhältnis des mittleren Gesäßmuskels hat sich verändert (Abbildung 2.4). So muss ein anderer und weniger effektiver Muskel einspringen, um die Hüfte zu stabilisieren. Da der

Oberschenkelfaszienspanner mit dem IT-Band verbunden ist, entsteht ein Zug aufs IT-Band, der sich an der Oberschenkelaußenseite nach unten fortsetzt und letztendlich Knieschmerzen verursacht.

Das beste Gegenmittel gegen chronische Knieschmerzen sind daher Core-Übungen zur Stärkung des mittleren Gesäßmuskels, sodass dieser die Hüfte eigenständig ohne die Hilfe des Oberschenkelfaszienspanners stabilisieren kann.

Schmerzen im Hals und oberen Rücken

Hast du durch das Radfahren mittlerweile den Hals einer Giraffe? Das ist der Preis dafür, wenn du die optimale aerodynamische Fahrposition einnimmst: Sie führt zu einer Überstreckung des Halses und zur Rundung des oberen Rückens. Das Endergebnis: der Giraffenhals. So ansehnlich diese Pflanzenfresser auch sein mögen – der Mensch braucht keinen Giraffenhals, um zu überleben. Bei unsereins ist ein konstant überstreckter Hals sogar ziemlich problematisch, und zwar vor allem, weil sich dadurch chronische Schmerzen im oberen Rücken und im Nacken ergeben.

Die Art von Schmerzen, die mit denen es Radfahrer im Hals und oberen Rücken zu tun haben, werden für gewöhnlich als Knoten beschrieben. Die Verhärtungen werden auch als Triggerpunkte bezeichnet. Sie sind äußerst empfindlich. Wenn Druck auf sie ausgeübt wird, strahlt der Schmerz normalerweise aus. Die Stellen, an denen Triggerpunkte auftreten, liegen vor allem im Bereich des oberen Rückens verteilt. Die Mehrzahl von ihnen findet sich am Rautenmuskel und am oberen Trapezmuskel (Abbildung 2.6). Es ist kein Zufall, dass diese beiden Muskeln auch am stärksten gedehnt werden, wenn du auf dem Rad sitzt.

Wenn die Rautenmuskeln und die oberen Trapezmuskeln über längere Zeiträume gestreckt und auf maximaler Länge gehalten werden, wehren sie sich gegen diesen Zug. Das Ganze ähnelt dann einem dauerhaften Seilziehen. Die Folge sind kleine Bereiche überreizten Gewebes, die sich meist an den Innenkanten der Schulterblätter und im Nacken bilden.

Diese örtlich begrenzten Schmerzpunkte vermitteln oft den Eindruck, der obere Rücken sei verspannt. Dies wiederum verleitet dazu, den Bereich zu

ABBILDUNG 2.6 TRIGGERPUNKTE IM OBEREN RÜCKEN UND IM NACKEN

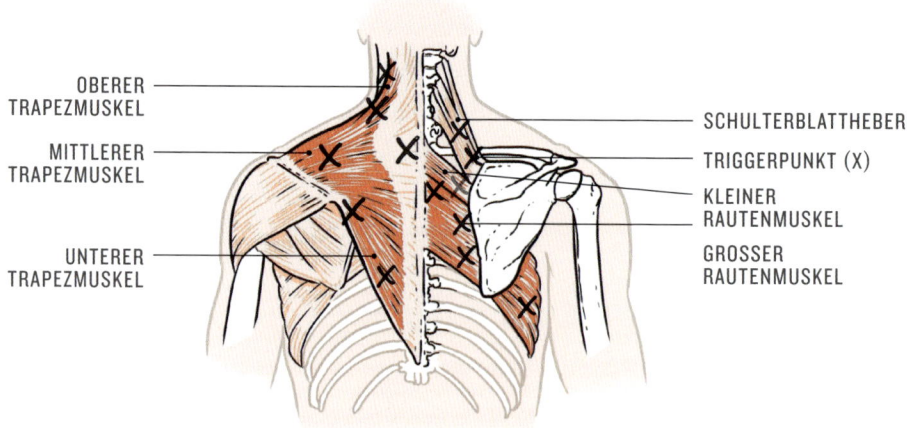

OBERER
TRAPEZMUSKEL

MITTLERER
TRAPEZMUSKEL

UNTERER
TRAPEZMUSKEL

SCHULTERBLATTHEBER

TRIGGERPUNKT (X)

KLEINER
RAUTENMUSKEL

GROSSER
RAUTENMUSKEL

dehnen, um den Schmerz zu lindern. Die Dehnung des oberen Rückens mag zwar vorübergehend Abhilfe schaffen.

Doch das zugrunde liegende Problem wird dadurch nur noch verschärft. Der Grund, warum es überhaupt zur Entstehung dieser Triggerpunkte kommt, ist ja gerade die übermäßige Streckung und Verlängerung der Muskulatur des Nackens und des oberen Rückens. Das zusätzliche Dehnen ist also kontraproduktiv.

Das Radfahren bringt eine sehr spezifische und starke Belastung der Muskeln im Nacken und im oberen Rücken mit sich. Heutzutage leiden die meisten Menschen ohnehin ja schon an einer schlechten Haltung mit Rundrücken und

TOMMY IN AKTION

Als ich mit dem Straßenradsport auf Profiniveau anfing, hatte ich im oberen Rücken und im Nacken immer wieder stechende Schmerzen in den unterschiedlichsten Ausprägungen. In den Wettkämpfen verstärkte sich das Problem immer, weil ich dann noch verspannter war. Nach dem Rennen konnte ich kaum mehr den Kopf zur Seite drehen, so fest waren die Triggerpunkte im Nacken und im oberen Rücken. Erst, als ich 2008 mit Allisons Core-Programm anfing, verschwanden die Schmerzen im oberen Rücken. Jetzt machen mir diese Triggerpunkte nur noch selten zu schaffen, wenn überhaupt.

vorwärts geneigten Kopf. Schließlich verbringen wir immer mehr Zeit vor dem Computer, am Handy und am Tablet. Doch beim Radfahren ist diese Rundung des Oberkörpers noch viel stärker ausgeprägt. Auf dem Rad spannen sich die Muskeln auf der Körpervorderseite an, um die Schultern nach vorn zu ziehen. Der Sportler macht einen Rundrücken, über den die Luft schön hinwegstreichen kann. Wenn die Halswirbelsäule der Rundung der Brustwirbelsäule folgt, sinkt das Kinn zum Brustkorb. Der Blick des Fahrers wandert somit nach unten auf die Straße. Die meisten Fahrer schauen aber gern gerade nach vorn (was auch sehr zu empfehlen ist). Sie richten den Blick nach oben, behalten jedoch die aerodynamische Rundung der Schultern bei. Der Sportler streckt dabei den Hals heraus, indem er Kinn leicht anhebt und den Nacken staucht. Das ist zwar aerodynamisch, aber alles andere als ergonomisch. Nicht zu vergessen ist auch das zusätzliche Gewicht des Helms, das der Nacken außer dem Kopf zusätzlich halten muss.

Wenn jemand diese giraffenhalsartige Position über einen längeren Zeitraum einnimmt, verändert sich das Verhältnis zwischen Länge und Spannung in der Muskulatur des oberen Rückens und des Halses. Die Muskeln auf der Vorderseite des Oberkörpers verkürzen sich, während die Muskeln auf der Hinterseite des Oberkörpers länger werden (Abbildung 2.7). Abbildung 2.3 ist zu entnehmen: Ist der Muskel in Ruhespannung zu kurz oder zu lang, ist die Fähigkeit dieses Muskels zur optimalen Kraftentwicklung stark eingeschränkt. Das bedeutet, dass keiner der Muskeln letztendlich optimal funktioniert. Die Hals- und Brustwirbelsäule werden dann nicht richtig gestützt. Der gesamte Bereich ist somit einem erhöhten Verletzungsrisiko ausgesetzt.

Die Triggerpunkte lassen den falschen Eindruck entstehen, der betreffende Bereich wäre verspannt. Dabei ist er in Wirklichkeit überdehnt. Um die Zugbelastung auf die Muskelenden am oberen Rücken zu reduzieren, gilt es die Muskeln an der Vorderseite zu dehnen. Erst dann können sich die Muskeln an der Körperrückseite wieder zusammenziehen.

Das Hauptziel besteht darin, wieder das optimale Längen-Spannungs-Verhältnis in den Muskeln des Nackens und des oberen Rückens herzustellen. Dies geschieht durch die Dehnung der Muskeln an der Körpervorderseite. Vor allem der große und kleine Brustmuskel, der vordere Deltamuskel, der gerade Bauchmuskel, der Brustbein-Schlüsselbein-Warzenfortsatz und der breite

ABBILDUNG 2.7 BEIM RADFAHREN CHRONISCH VERSPANNTE MUSKELN AN DER KÖRPERVORDERSEITE

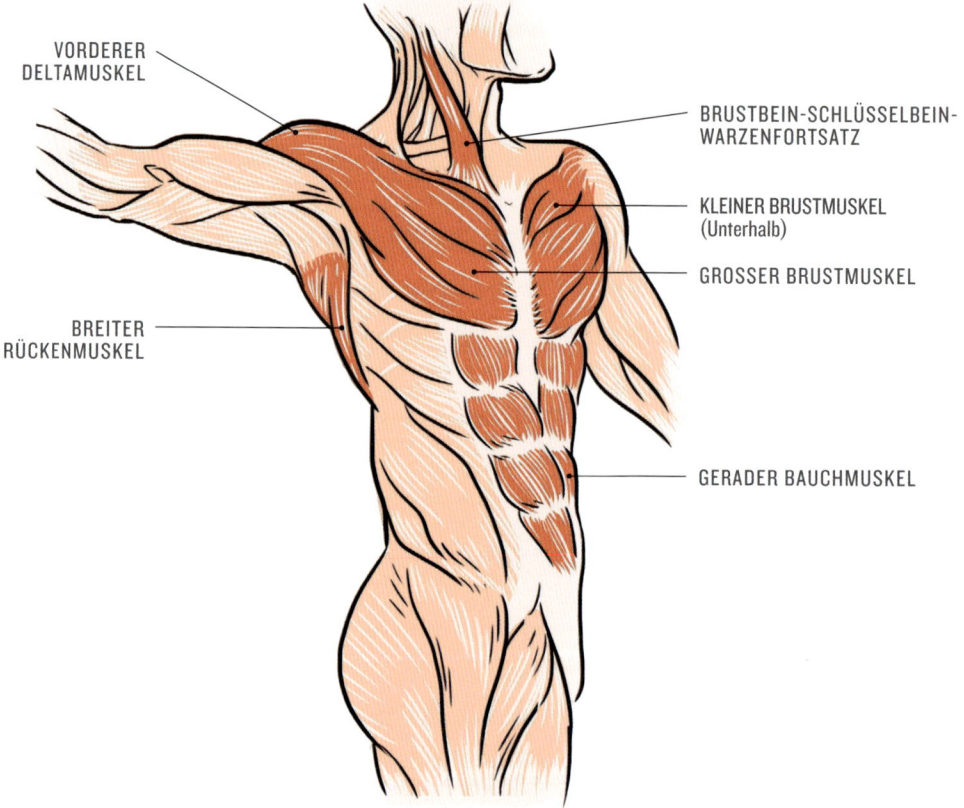

VORDERER
DELTAMUSKEL

BRUSTBEIN-SCHLÜSSELBEIN-
WARZENFORTSATZ

KLEINER BRUSTMUSKEL
(Unterhalb)

GROSSER BRUSTMUSKEL

BREITER
RÜCKENMUSKEL

GERADER BAUCHMUSKEL

Rückenmuskel müssen gedehnt werden (Abbildung 2.7). Für die meisten Leute zählt der Latissimus nur zur Rückenmuskulatur. Dort befindet sich auch ein Großteil dieser Muskelgruppe. Allerdings zieht sich der Latissimus bis hinein in den vorderen Teil des Schulterblatts und zur Vorderseite des Oberarmknochens. Ist er verspannt, trägt er zur chronischen Rundung des oberen Rückens und Nackens bei.

Auch hier vermitteln die Triggerpunkte fälschlicherweise das Gefühl, der Bereich mit den Verhärtungen wäre verspannt, obwohl er überdehnt ist. Widersteh der Versuchung, den oberen Rücken zu strecken, wenn nach einer Tour Triggerpunkte spürbar sind!

Schmerzen im unteren Rücken

Schmerzen im unteren Rücken sind weit verbreitet. Die meisten Menschen haben irgendwann im Leben einmal Probleme in diesem Bereich, Tendenz steigend. In einigen Fällen sind die Beschwerden zwar nur von vorübergehender Dauer, doch meistens handelt es sich leider um chronische Probleme, die eine ausgiebige medizinische Behandlung, die Verschreibung nicht gerade leicht verträglicher Schmerzkiller und manchmal sogar Operationen nach sich ziehen. Fazit: Schmerzen im unteren Rücken solltest du ernst nehmen. Bei Radfahrern ist das Risiko ziemlich groß, dass sie irgendwann damit zu tun bekommen.

In einer Nachbesprechung wissenschaftlicher Untersuchungen aus dem Jahr 2010 im „International Sports Medicine Journal" hieß es, dass bis zu 60 Prozent der Radsportler über Rückenbeschwerden klagen. Es besteht also mehr als ein Fifty-fifty-Risiko für dich. Diese Art der körperlichen Beeinträchtigung ist auch der Grund Nummer eins für verlorene Sekunden und Minuten im Rennen.

TOMMY IN AKTION

Schmerzen im unteren Rücken waren für mich schon immer ein begrenzender Faktor. Es gab schon Rennen, die ich deswegen abbrechen musste, und auch die eine oder andere wertvolle Trainingseinheit ist mir dadurch entgangen. Ich habe mir in der Vergangenheit immer selbst Core-Übungen verordnet. Die Rückenschmerzen blieben aber, vor allem in der Kreuzbein-Darmbein-Region (siehe Abbildung 2.8). Sie zogen sich bis hinunter in die Beine. Seitdem ich das Programm in diesem Buch nutze, sind für mich Probleme im unteren Rücken passé. Mein unterer Rücken schränkt mich bei Rennen oder im Training nicht mehr ein – anders als bei den meisten anderen Radfahrern.

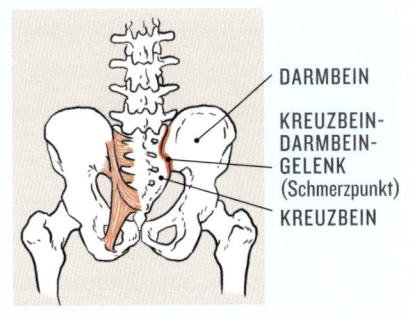

ABBILDUNG 2.8
KREUZBEIN-DARMBEIN-GELENK

DARMBEIN

KREUZBEIN-DARMBEIN-GELENK (Schmerzpunkt)

KREUZBEIN

Ab einer Distanz von 160 Kilometern pro Woche steigt das Risiko, Probleme im unteren Rücken zu bekommen, massiv an.

Die leichteste Gegenmaßnahme wäre also, weniger zu fahren. Aber dann müsstest du entweder auch weniger essen oder dir eine andere Sportart suchen. Beides erscheint nicht besonders verlockend. Die Alternative: weiterfahren, aber gleichzeitig auf Kraft und Gesundheit des Core achten, damit die Wirbel im unteren Rücken immer gut gestützt sind.

Dir ist wahrscheinlich inzwischen aufgefallen, dass sämtliche durch muskuläre Überlastungen bedingte Verletzungen ähnliche Ursachen haben: die Verspannung und übermäßige Beanspruchung bestimmter Muskelgruppen bei gleichzeitiger Verlängerung und Schwächung anderer Gruppen und in der Folge ein verändertes Längen-Spannungs-Verhältnis in allen beteiligten Muskeln. Wir haben bereits erörtert, inwiefern eine solche Konstellation zu Schmerzen im Knie, in den Hüftbeugern, im oberen Rücken und im Nacken führen kann. Auch für Schmerzen im unteren Rücken können zu aktive oder inaktive Muskeln als Ursache genannt werden. Allerdings kommt hier auch eine zu starke oder zu schwache Beckenneigung als Grundproblematik infrage. Bei den anderen Verletzungen ist die Wurzel des Übels ziemlich offensichtlich. Die Diagnose und Korrektur werden dadurch recht einfach. Beim unteren Rücken gilt es aber auch die Stellung des Beckens mit zu berücksichtigen. Es kann nämlich zu stark nach hinten oder vorn gekippt sein.

Beim Abkippen nach hinten ist das Steißbein nach vorn geschoben. Das Längen-Spannungs-Verhältnis der am Becken ansetzenden Muskeln ist verschoben (Abbildung 2.9). Kippt das Becken nach vorne, sind die Muskeln an der Oberschenkelrückseite, die Gesäßmuskeln, der gerade Bauchmuskel, die quer verlaufende Bauchmuskulatur, der vordere Sägemuskel sowie der Trapezmuskel übermäßig angespannt und aktiv. Der Quadrizeps, die Hüftbeuger, die Rückenstrecker sowie die Rautenmuskeln sind indes allesamt verlängert und geschwächt. In den vorherigen Abschnitten haben wir gesehen: Je länger ein Muskel in gedehnter oder verkürzter Position verbringt, umso größer ist das Risiko, dass er letztendlich im Ruhezustand nicht wieder seine ursprüngliche Länge einnimmt. Die Folge ist eine dauerhaft veränderte Haltung, die eine ganze

ABBILDUNG 2.9 MUSKELUNGLEICHGEWICHT IM ZUSAMMENHANG MIT DER BECKENNEIGUNG NACH HINTEN

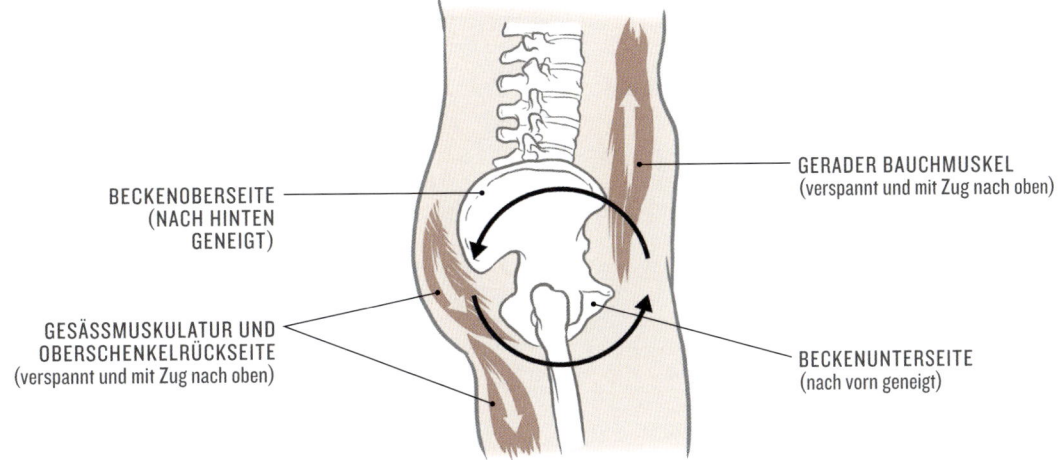

BECKENOBERSEITE
(NACH HINTEN
GENEIGT)

GERADER BAUCHMUSKEL
(verspannt und mit Zug nach oben)

GESÄSSMUSKULATUR UND
OBERSCHENKELRÜCKSEITE
(verspannt und mit Zug nach oben)

BECKENUNTERSEITE
(nach vorn geneigt)

Reihe weiterer Probleme nach sich ziehen kann (in Kapitel 3 gehen wir genauer auf dieses Thema ein).

Die andere häufige Ursache für Schmerzen im unteren Rücken ist die übertriebene Beckenneigung nach vorne. In der gesunden beziehungsweise neutralen Haltung weist das Becken von Natur auf eine leichte Neigung nach vorn auf. Daher ist es wichtig, das Wort „übertrieben" zu betonen. Die normale Neigung der Beckenoberseite nach vorn liegt bei Männern zwischen vier und sieben und bei Frauen zwischen sieben und zehn Grad. Ein solches Hohlkreuz geht einher mit einem angespannten Quadrizeps, Hüftbeuger, Rückenstrecker und vielgespaltenen Rückenmuskel (Abbildung 2.10).

Die in diesem Fall verlängerten und geschwächten Muskeln sind: der gerade Bauchmuskel, die schräge und quer verlaufende Bauchmuskulatur, die Oberschenkelrückseite sowie die Gesäßmuskulatur. Da die Hüftbeuger und der Quadrizeps verkürzt sind, kommt es bei Sportlern mit dieser Fehlstellung neben den Problemen im unteren Rücken oft zu chronischen Schmerzen im Hüftbeuger.

Ganz gleich, ob das Becken übermäßig nach vorne oder nach hinten geneigt ist: Die beiden Muskeln, die dabei die größten Probleme bereiten, sind

ABBILDUNG 2.10 **MUSKELUNGLEICHGEWICHT IM ZUSAMMENHANG MIT DER BECKENNEIGUNG NACH VORN**

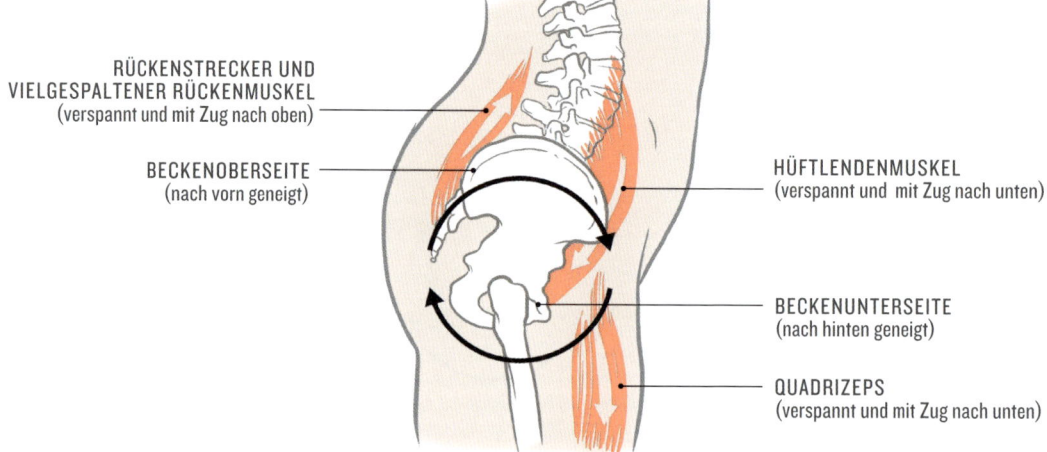

RÜCKENSTRECKER UND
VIELGESPALTENER RÜCKENMUSKEL
(verspannt und mit Zug nach oben)

BECKENOBERSEITE
(nach vorn geneigt)

HÜFTLENDENMUSKEL
(verspannt und mit Zug nach unten)

BECKENUNTERSEITE
(nach hinten geneigt)

QUADRIZEPS
(verspannt und mit Zug nach unten)

der gerade Bauchmuskel sowie der große Gesäßmuskel. Keiner der beiden zählt zur Muskulatur des unteren Rückens. Trotzdem sind oft Schmerzen im unteren Rücken die Folge, wenn diese Gruppen schlecht trainiert sind. Dies ist ein weiteres Beispiel für den Unterschied zwischen dem Schmerzpunkt und der Ursache des Schmerzes. Ausgangspunkt des Problems sind die Bauchmuskeln und der große Gesäßmuskel, der Schmerz manifestiert sich jedoch im unteren Rücken. Es kommt alles auf die Reihenfolge der Muskelaktion an, die für die Stabilisierung der Lendenwirbelsäule sorgt. Wenn alles in Ordnung ist, wird die quer verlaufende Bauchmuskulatur den Bruchteil einer Sekunde vor der Muskulatur in den Extremitäten aktiv. Ist dies nicht der Fall, werden das Becken und die Lendenwirbelsäule während der Bewegung nicht richtig stabilisiert. Der untere Rücken kann sich dann zu stark mitbewegen, was eine Belastung für die Muskulatur in dieser Region bedeutet und letztendlich zu chronischen Schmerzen führt.

Zahllose Studien belegen den direkten Zusammenhang zwischen Schmerzen im unteren Rücken und einer verspäteten Aktivierung der quer verlaufenden Bauchmuskulatur. Im Jahr 1996 erschien dazu ein Artikel im Fachmagazin „Spine". Darin berichten Hodges und Richardson, dass bei Probanden mit Schmerzen im unteren Rücken oft auch eine ineffektive Stabilisierung der Lendenwirbelsäule aufgrund einer inaktiven quer verlaufenden Bauchmuskulatur vorliegt. In der Studie wird die Bedeutung einer starken und effektiven Core-Muskulatur betont, um Schmerzen und Verletzungen der Wirbelsäule zu vermeiden.

Die verspätete Aktivierung des Musculus transversus abdominis (so die Fachbezeichnung für die quer verlaufende Bauchmuskulatur) geht oft mit einer verzögerten Reaktion der großen Gesäßmuskulatur einher. Die Hauptaufgabe des großen Gesäßmuskels besteht in der Hüftstreckung, zu der es beim Radfahren bei jedem Druck aufs Pedal kommt. Stellt die Gesäßmuskulatur nicht genug Kraft zur Verfügung, um die Hüfte zu strecken, müssen immer wieder die Muskeln des unteren Rückens mit einspringen, um diese Aufgabe zu erfüllen. Für den unteren Rücken ist das Gift, weil die dortige Muskulatur dadurch schnell ermüdet. Es kommt zur Überlastung und Reizung – die perfekte Voraussetzung für chronische Rückenschmerzen.

Verletzungen der Bandscheiben

Bandscheibenprobleme sind noch einmal eine ganz andere Dimension der Rückenbeschwerden. Chirurgische Eingriffe, monatelange Reha-Maßnahmen und möglicherweise sogar künstliche Bandscheiben – all das sind weitverbreitete Behandlungsmöglichkeiten bei Verletzungen der Bandscheiben. Manchmal handelt es sich um akute Probleme, etwa nach einem Sturz. Doch in den meisten Fällen sind die Beschwerden das Ergebnis einer langen Verkettung von Fehlern, die mit einem Muskelungleichgewicht im Core beginnen.

Schwer zu glauben, dass ein einfaches Muskelungleichgewicht zu einer Verletzung an den Bandscheiben führen kann. Doch die zahllosen Fälle von Radsportlern, die schon mit derartigen Verletzungen zu kämpfen hatten, sprechen eine deutliche Sprache. Wir haben bereits erwähnt, dass ein Muskelungleichgewicht die Leistung mindern und durch eine Muskelüberlastung zu Verletzungen führen kann. Mit einem gesunden und kräftigen Core kannst du dich davor schützen. Aber damit nicht genug. Die Core-Muskulatur erhöht auch deinen Kraftumsatz und deine Geschwindigkeit im Sattel. Noch wichtiger: Sie ist die beste Versicherung des Radfahrers gegen Schäden an der Wirbelsäule. Auf den

TOMMY IN AKTION

Als Radfahrer hat man die Gesäßmuskulatur normalerweise gar nicht auf der Rechnung. Die meisten denken nur an die Oberschenkel und die Waden als hauptsächliche Triebfedern. Schließlich sind das auch die Muskeln, die sich im Training am stärksten entwickeln. Ich betrachte die Gesäßmuskulatur jedoch inzwischen als wichtigen Faktor, um mit beiden Beinen die volle Kraft zu entwickeln. Außerdem hat mir meine starke Gesäßmuskulatur geholfen, chronischen Schmerzen im unteren Rücken aus dem Weg zu gehen.

Das war für mich eine harte Lektion. Es begann Ende 2007, als ich mich am unteren Rücken verletzte. Dabei hatte ich Glück im Unglück: Damals begann ich nämlich, mit Allison zusammenzuarbeiten. Das Erste, was ihr auffiel: Meine Gesäßmuskulatur brachte nicht die volle Leistung. Aus diesem Grund war ich ein wenig so wie eine weichgekochte Nudel auf zwei Rädern: Meine Wirbelsäule und mein Becken schlackerten beliebig umher, und die ganze Schaukelei führte schließlich zu Verletzungen im unteren Rücken. Ich stärkte die Verbindung zwischen unterem Rücken, Gesäßmuskulatur und Oberschenkelrückseite. So konnte ich nicht nur meine Rückenschmerzen beseitigen. Auch mein Tretzyklus wurde dadurch geschmeidiger, während ich beim Treten im Stand viel stärker und effektiver wurde.

Radsportler wirken viele potenziell schädliche Faktoren ein. Der größte davon sind die ständig wiederkehrenden Bewegungsabläufe, mit denen die Lendenwirbelsäule auf dem Rad fertig werden muss. Ohne den schützenden Muskelpanzer des Core können sich die Bandscheiben übertrieben stark dehnen und beugen, was Schäden nach sich ziehen kann.

Ganz wichtig, um die Bandscheiben gesund zu halten: das Verständnis der komplexen Vorgänge, die hinter Bandscheibenverletzungen stecken. Um der Sache auf den Grund zu gehen, wollen wir mit dem Grundgerüst beginnen, in das die empfindlichen Bandscheiben integriert sind: mit der Wirbelsäule.

Zusammensetzung und Funktion der Wirbelsäule

Die Wirbelsäule stützt und stabilisiert alle Extremitäten des Körpers (sprich die Arme und Beine). In ihr befinden sich das Rückenmark sowie sämtliche Wirbelsäulennerven. Das Rückenmark ist wie eine Kabelverbindung zwischen

Gehirn und Muskulatur. Jede Bewegung am Pedal beginnt mit einem Gedanken im Gehirn. Dieses Nervensignal wird dann über das Rückenmark hinunter zu den Muskeln geschickt, die dann die Aktion ausführen. Sind Ausrichtung und Funktion der Wirbelsäule beeinträchtigt, leidet darunter auch die Geschwindigkeit der Signalleitung zur Muskulatur. Das Ergebnis ist eine suboptimale Muskelleistung.

Nach all der Zeit auf dem Rad hast du vielleicht das Gefühl, das Treten ginge automatisch und ohne Beteiligung des Gehirns vonstatten. In Wahrheit ist eine ganze Reihe von Nachrichten erforderlich, die über das Nervensystem vom Gehirn an die Muskulatur weitergegeben werden, um die Tretbewegung einzuleiten. Diese Reizübertragung wird fachsprachlich auch als Innervation bezeichnet. Für jeden Muskel gibt es einen bestimmten Ansatzpunkt an einem spezifischen Wirbel. Abbildung 2.11 zeigt, in welchem Bereich der Wirbelsäule (Hals-, Brust-, Lendenwirbelsäule oder Kreuzbein) und an welchem spezifischen Wirbel (1, 2, 3 etc.) die Nerven sitzen, welche die großen Muskelgruppen des Körpers kontrollieren. So setzt etwa die Nervenleitung für den Quadrizeps bei L2 an. Das steht für „Lendenwirbelsäule (L), zweiter Wirbel (2)". Ist dieser Wirbel verletzt, in seiner Funktion beeinträchtigt oder nicht optimal ausgerichtet, kann dies die Effektivität beeinträchtigen, mit der das Signal an den Quadrizeps übermittelt wird – was natürlich für den Radsport suboptimal ist. Um die Bedeutung der Reizübermittlung komplett zu verstehen, müssen wir uns nur vor Augen führen, was passiert, wenn der Spinalnerv nicht mehr mit der Muskulatur am anderen Ende in Kontakt treten kann. In diesem Fall sind nämlich auch alle anderen Muskeln unterhalb des betreffenden Spinalpunktes bewegungsunfähig.

Glücklicherweise ist da aber noch die Wirbelsäule, die sich wie eine schützende Hülle um das so empfindliche Rückenmark mit all seinen Nervenbahnen legt. Der ganze menschliche Körper ist so aufgebaut, dass die Wirbelsäule darin gut geschützt ist.

So wird das Spinalmark nicht nur von den harten Knochen der Wirbelsäule umgeben. Dazu gibt es zur Polsterung zwischen den Wirbeln noch die sogenannten Bandscheiben. Diese liegen zwischen den 26 Gelenkverbindungen der Hals-, Brust- und Lendenwirbelsäule. Der Mensch verfügt dazu noch über

ABBILDUNG 2.11 NERVEN DER WIRBELSÄULE UND DAMIT VERBUNDENE MUSKELN

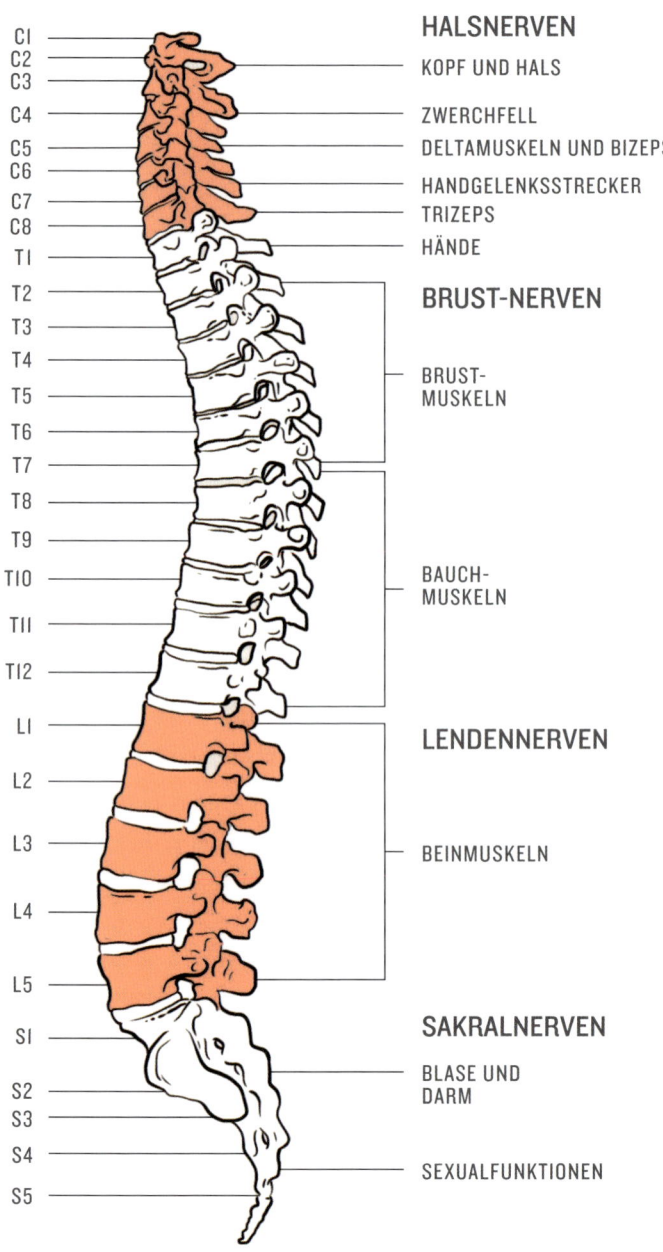

C1	**HALSNERVEN**
C2	
C3	KOPF UND HALS
C4	ZWERCHFELL
C5	DELTAMUSKELN UND BIZEPS
C6	
C7	HANDGELENKSSTRECKER
C8	TRIZEPS
T1	HÄNDE
T2	**BRUST-NERVEN**
T3	
T4	
T5	BRUST-MUSKELN
T6	
T7	
T8	
T9	
T10	BAUCH-MUSKELN
T11	
T12	
L1	**LENDENNERVEN**
L2	
L3	BEINMUSKELN
L4	
L5	
S1	**SAKRALNERVEN**
S2	BLASE UND DARM
S3	
S4	SEXUALFUNKTIONEN
S5	

neun starrere Wirbel im Kreuz- und Steißbein. Diese sind nicht durch Bandscheiben gedämpft.

Die durchschnittliche Bandscheibe hat einen Durchmesser von zweieinhalb Zentimetern und eine Stärke von gut einem halben Zentimeter. Sie besteht aus zwei Teilen: dem Nucleus pulposus und dem Anulus fibrosus. Der Nucleus pulposus ist ein geleeartiger Beutel in der Mitte der Bandscheibe, welcher Stöße dämpft und die Kräfte verteilt (Abbildung 2.12). Das Gewebe um ihn herum wird als Anulus fibrosus bezeichnet. Es sorgt dafür, dass der Nucleus pulposus nicht nach außen dringt und auf die Nerven drückt, die im Rückenmark nach oben und unten verlaufen.

Die Bandscheiben sind also so etwas wie Ringe mit Gelfüllung. Stell dir jetzt 26 dieser Gelringe vor, die aufeinandergestapelt sind. Der festere äußere Ring schützt das Gel im Inneren. Die Ringe werden andauernd gestoßen, gebogen, gedreht und gewunden. Wird die eine Seite eines der Gelringe über längere Zeit gestaucht, wie dies in der gebeugten Position auf dem Fahrrad der Fall ist, wird das Gel zur offenen Seite gepresst (in dem Fall nach hinten). So entstehen Bandscheibenverletzungen. Der Grund für die großen Schmerzen bei dieser Art von Problemen ist nicht die gelartige Masse der Ringe, die aus dem Zentrum an die Peripherie gepresst wird. Qualen bereitet den Patienten vielmehr die Tatsache, dass die Bandscheiben dabei auf die Nervenwurzeln drücken. Die höllischen Schmerzen können sich über die gesamte Länge des Nervs ziehen und manchmal an der Rückseite des Beins bis nach unten ausstrahlen.

ABBILDUNG 2.12 GESUNDE BANDSCHEIBE

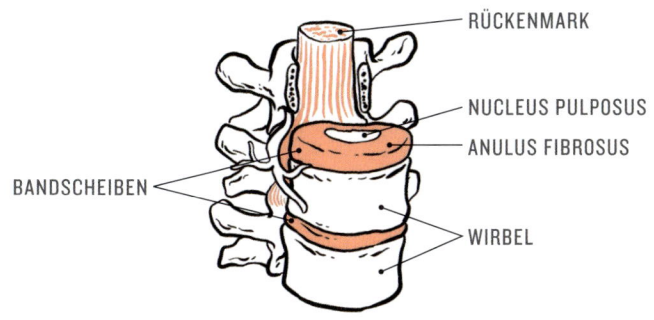

RÜCKENMARK

NUCLEUS PULPOSUS

ANULUS FIBROSUS

BANDSCHEIBEN

WIRBEL

Weitverbreitete Verletzungen bei Radfahrern

Fast 90 Prozent der Bandscheibenverletzungen eignen sich in der Lendenwirbelsäule, am häufigsten zwischen den Wirbeln L4 und L5 oder L5 und S1 (Abbildung 2.13). Diese beiden Abschnitte der Wirbelsäule tragen das größte Körpergewicht, sind also am verletzungsanfälligsten. Dies sind auch die Regionen, welche beim Radfahren die größte Beugung und Streckung mitmachen müssen. Bei Verletzungen der Bandscheibe L5/S1 entsteht häufig ein Druck auf den Hüftnerv, was zum sogenannten Ischias führt. Wird der Hüftnerv gestaucht, kommt es zu Schmerzen im Gesäß (meist einseitig), die sich an der Beinrückseite entlang bis hinunter zur Wade ziehen können. Durchs Radfahren verschlimmert sich oft der Ischias aufgrund der Beugung im Bereich L5/S1, zu der es jedes Mal kommt, wenn sich das Knie beim Tretzyklus dem Brustkorb nähert und so den Druck auf den Hüftnerv erhöht.

Zu den unter Radfahrern weitverbreiteten Problemen zählen auch Beschwerden im Kreuzbein-Darmbein-Gelenk. Diese werden oft mit dem Ischias gleichgesetzt, da sie ebenfalls einseitig den unteren Rücken betreffen. Vom medizinischen Standpunkt aus ist es im Fall des Kreuzbein-Darmbein-Gelenks jedoch auch möglich, dass die Funktionsstörungen oder -ausfälle keine schmerzhaften Auswirkungen auf den Hüftnerv nach sich ziehen. Das Kreuzbein-Darmbein-Gelenk ist die Verbindung zwischen den zusammenhängenden Wirbeln des Kreuzbeins sowie dem linken und rechten Darmbein (Abbildung 2.8). An diesem wichtigen Verbindungspunkt setzt das Becken an der Wirbelsäule an. Wenn alles glatt läuft, sollte der Bewegungswinkel dort weniger als vier Grad betragen, während sich das Gelenk weniger als zwei Millimeter linear von einer Seite zur anderen oder von hinten nach vorn verschieben kann. Bei einem zu großen oder zu kleinen Bewegungsspielraum können sich Schmerzen im unteren Rücken, in der Hüftrückseite und sogar in der Leistengegend und am Oberschenkel einstellen. Schmerzen am Kreuzbein-Darmbein-Gelenk sind hartnäckig. Die beste Art, sie zu vermeiden, ist eine starke Core-Muskulatur im unteren Rücken und an der Hüfte, welche die geschmeidige Bewegung der Gelenke unterstützt.

Wer schon einmal mit Bandscheibenbeschwerden zu tun hatte, wird auf mehrere unterschiedliche Begrifflichkeiten gestoßen sein, die im Umlauf sind. Die Terminologie und Klassifizierung der Bandscheibenverletzungen kann ver-

ABBILDUNG 2.13 **LENDENWIRBEL UND KREUZBEIN**

ABBILDUNG 2.14 **PHASEN EINES BANDSCHEIBENVORFALLS**

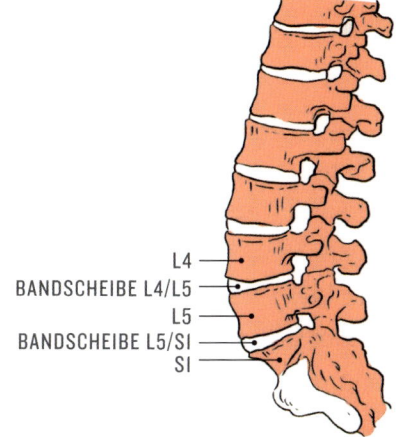

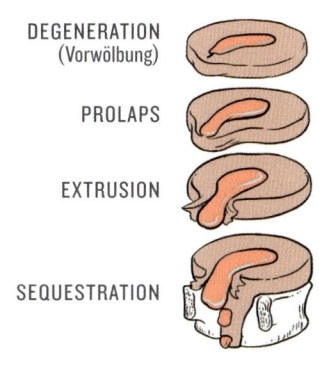

wirren, weil jeder andere Ausdrücke dafür verwendet. Wo der eine Arzt einen Bandscheibenvorfall diagnostiziert, spricht der nächste von einer Degeneration, während der dritte den Begriff „Diskusprolaps" verwendet. Alle Begriffe beziehen sich auf ein bestimmtes Verletzungsstadium. Die Degeneration (auch Vorwölbung genannt) ist die erste und die Sequestration die letzte Stufe (Abbildung 2.14).

Von der Degeneration bis zur Sequestration können Jahre vergehen. Das Ganze kann aber auch praktisch über Nacht passieren. Die Vorwölbung lässt sich in der Regel ohne Operation beheben, wenn sie früh genug erkannt wird. Erreicht eine Bandscheibe aber einmal der Zustand der Extrusion oder Sequestration, hilft meist nur noch, sich unters Messer zu legen oder die chronischen Schmerzen auszuhalten.

Einer der wichtigsten Einflussfaktoren für die Fortschreitung einer solchen Verletzung ist der allgemeine Zustand der Bandscheibe. Dabei spielen das Alter, die genetische Veranlagung, die Haltung sowie der Muskeltonus eine Rolle. Gegen das Alter und die Gene lässt sich wenig machen. Doch die Haltung und den Muskeltonus kann jeder Mensch selbst steuern und verbessern. Die effektivste Art, die beiden Größen im Bereich der Wirbelsäule positiv zu beeinflussen: eine gesunde und starke Halte- und Stützmuskulatur. So kann die Wirbelsäule nach dem Absteigen vom Rad wieder in die optimale Position zurückkehren und beim Fahren den zerstörerischen Kräften widerstehen, die auf sie einwirken.

Vorbeugung gegen Verletzungen

Tabelle 2.1 fasst die durch muskuläre Überbeanspruchung bedingten Verletzungen zusammen, die in diesem Kapitel erörtert wurden. Dazu sind dort die Arten von Muskelungleichgewicht aufgelistet, die als Auslöser gelten. Die effektivste Art zur Regeneration oder Vermeidung derartiger Verletzungen: eine Muskulatur, die mit der richtigen Länge und der optimalen Kraft arbeitet. Ein dynamisches Stretching-Programm sorgt für die richtige Länge der Muskeln, während ein funktionales Core-Krafttraining sicherstellt, dass sie ausreichend Kraft erzeugen. Alle Programme in diesem Buch enthalten dynamische Dehnübungen, gefolgt von funktionalem Core-Training.

TABELLE 2.1 QUELLEN CHRONISCHER SCHMERZEN

SCHMERZENDE STELLE	VERKÜRZTE BZW. VERLÄNGERTE UND GESCHWÄCHTE MUSKELN	ÜBERAKTIVE UND DOMINANTE MUSKELN
HÜFTBEUGER	Lendenmuskel, Darmbeinmuskel	Oberschenkelfaszienspanner, Schneidermuskel, gerader Schenkelmuskel
KNIE (patellofemorales Schmerzsyndrom, iliotibiales Bandsyndrom)	Mittlerer Gesäßmuskel	Oberschenkelfaszienspanner, IT-Band
UNTERER RÜCKEN	Musculus transversus abdominis Gesäßmuskeln	Rückenstrecker, vielgespaltener Rückenmuskel
OBERER RÜCKEN UND HALS	Rautenmuskeln, obere Trapezmuskeln	Große und kleine Brustmuskeln, vordere Deltamuskeln, Brustbein-Schlüsselbein-Warzenfortsatz

TOMMY IN AKTION

Du wirst dir sicher denken: „Vorbeugung schön und gut. Aber was ist mit der Regeneration nach einem Sturz?" So sehr man auch versucht, Stürze zu vermeiden: Wenn man oft genug Rad fährt, passiert es irgendwann eben einmal. Die sechste Etappe der Tour de France 2012 ist dafür der perfekte Beleg.

Es wäre untertrieben, das Ganze lediglich als „üblen Sturz" zu bezeichnen. Sicher hat es auch körperlich wehgetan. Viel mehr schmerzte aber die Tatsache, dass dabei innerhalb von zwei Sekunden auch meine Träume auf einen Sieg bei der Tour de France am Boden zerschmettert waren. Alle Opfer, die ich seit November 2011 gebracht hatte – das ganze Training, die Ernährung, die Reisen –, ein einziger Trümmerhaufen.

Ich war bereits in der dritten Etappe gestürzt und hatte mir dabei rechts eine Schultereckgelenksprengung zugezogen. Den Röntgenaufnahmen zufolge war es aber möglich, weiterzufahren. Ich dachte mir: „Wenn ich mir die Schulter tape und genug Aspirin einwerfe, kann sich die Schulter währenddessen erholen, und ich kann mich gegen Ende der Tour behandeln lassen." Die sechste Etappe warf meine Pläne jedoch buchstäblich über den Haufen.

Jeder Radfahrer kennt die Stimme im Hinterkopf, die einem sagt: „Wenn du jetzt abschmierst, dann war's das." Diese Stimme meldet sich in der Regel dann, wenn du mit 80 km/h einen geschlungenen Pfad bergab rast. Auf der Etappe 6 der Tour 2012 hörte ich sie aber erst, als ich bereits durch die Luft segelte. Fast 90 Fahrer hat es an diesem Tag erwischt, und ich war noch einer derjenigen, die Glück hatten. Es gab so viele Verletzte, dass nicht genug Krankenwagen zur Verfügung standen, um alle in den umliegenden Krankenhäusern zu verteilen. Ich saß drei Stunden lang auf einem Autorücksitz am Straßenrand, bevor ich endlich in die Notaufnahme abtransportiert wurde.

Erstaunlicherweise hatte ich keine Knochenbrüche, dafür aber eine weitere Eckgelenkssprengung an der anderen Schulter. Dazu kamen acht Hämatome sowie Abschürfungen, blaue Flecken und Prellungen am ganzen Körper.

Ich verbrachte die folgenden drei Nächte in einem Krankenhaus in der Nähe des Flughafens Charles de Gaulle in Paris, wo ich wartete, bis die Schwellungen so weit zurückgegangen waren, dass ich nach Hause fliegen konnte. Im Krankenhaus sah ich mir die restliche Tour im Fernsehen an. Nicht wirklich die Art von Live-Erlebnis, die ich mir vorgestellt hatte! In diesen drei Tagen hatte ich viel Zeit, mir darüber Gedanken zu machen, wie meine Reha und die Vorbereitung auf die USA Pro Challenge in meinem Heimatstaat Colorado aussehen sollten. Ich wusste, dass zu Hause viel Arbeit auf mich wartete.

Fortsetzung auf der nächsten Seite »

Fortsetzung der vorherigen Seite

Glücklicherweise konnte ich bereits nach etwa zwei Wochen wieder fahren. Durch die Verletzungen war das Muskelgleichgewicht allerdings vollkommen durcheinander. Am Anfang fuhr ich irgendwie krumm, weil ich mein rechtes Bein stärker belastete. Allison ließ mich viele Übungen zur Stärkung der Gesäßmuskulatur machen, damit beide Hüftseiten wieder gleichmäßig arbeiteten.

Auch mein oberer Rücken war in einem üblen Zustand. Ich hatte durch die ruhiggestellten Schultern viele schmerzhafte Verhärtungen, musste also viel für die Beweglichkeit der Brustwirbelsäule machen. Das war der wahrscheinlich schwerste Teil der ganzen Reha-Phase. Ich weiß nicht, wie viele Wiederholungen des Schulterblattpressens ich absolviert habe (siehe Übungen der Stufe I).

Keiner kehrt mitten in der Saison gerne zu den Übungen der Stufe I zurück. Es war aber notwendig. Ich wusste von vorherigen Verletzungen bereits, dass niemals nur die tatsächlich verletzte Stelle in Mitleidenschaft gezogen wird. Eine Verletzung zieht einen ganzen Rattenschwanz an Problemen nach sich.

Ich versuchte daher, alles zu geben, gleichzeitig aber auch ein Übertraining zu vermeiden. Deshalb konzentrierte ich mich darauf, möglichst effektiv zu trainieren. Dazu gehörte vor allem auch, die Core-Muskulatur so zu stärken, dass sie den Körper wieder effektiv stützen konnte.

Selbst mit noch so viel Kraft im Core hätte ich den Sturz auf der sechsten Etappe nicht vermeiden können. Doch mein Muskelkorsett half mir auf jeden Fall, den Sturz besser wegzustecken. Nach nur wenigen Monaten Reha-Training konnte ich wieder mein Lieblings-Workout in Angriff nehmen: Tommy Ds Training zur Leistungsoptimierung! Die Fotos für den Übungsteil dieses Buches konnten wir bereits gut zwei Monate nach dem großen Sturz bei der Tour de France schießen. Das heißt: Dieses Programm funktioniert wirklich!

In Teil 2 findest du drei unterschiedliche Programme zur Kräftigung des Core, die unter der Überschrift „Verletzungsprävention" zusammengefasst sind. Sie sind spezifisch darauf ausgelegt, das Risiko für die in diesem Kapitel angesprochenen Verletzungen zu senken. Die Übungen in diesen Workouts korrigieren die Muskelschwächen und das Muskelungleichgewicht, die häufig zu Verletzungen durch Überbeanspruchung führen. Das bedeutet für dich, dass du weniger Zeit in Arztpraxen, beim Chiropraktiker, bei der Akupunktur und in der Apotheke verbringen musst. Mit einem gesunden und starken Core kannst du schmerzfrei Rad fahren und dich so auf die wichtigen Dinge konzentrieren, wie etwa die Leistungssteigerung!

KAPITEL 3

Bessere Haltung

Radsportler haben seit jeher ein im wahrsten Sinne des Wortes gespanntes Verhältnis zum Thema Körperhaltung. Für eine saubere Haltung muss der Körper eine optimale strukturelle Ausrichtung aufweisen. Die Schulterblätter müssen flach am Rücken anliegen, der Brustkorb muss angehoben sein und das Becken eine neutrale Position einnehmen. Um auf dem Rad in die optimale aerodynamische Position zu kommen, muss der Sportler jedoch den Rücken runden, die Schulter nach vorn ziehen und den Hals nach unten und vorne recken. Anders gesagt: Wer erfolgreich fahren will, muss sich in eine ungünstige Haltung begeben. Alle Mütter und Grundschullehrer schütteln gerade missbilligend den Kopf.

Doch wie man es auch dreht und wendet: Der Rundrücken ist einfach aerodynamischer. Rein logisch betrachtet müsste also jeder, der gute Rad fahren will, einen übertriebenen Buckel entwickeln. Das mag zwar auf den ersten Blick schlüssig erscheinen. Wenn man jedoch bedenkt, dass eine saubere Haltung nicht nur fürs Radfahren sondern auch für die langfristige Gesundheit wichtig ist, verbietet sich diese Überlegung. Eine gute Haltung ist einerseits wichtig, weil sie das Risiko von Wirbelsäulenverletzungen senkt und den Schmerzen im unteren Rücken sowie den Schultern vorbeugt, die sich durch die endlosen Fahrstunden ergeben. Von einer gesunden Haltung profitiert außerdem die Atemtechnik.

Das ist ganz wesentlich, wenn du im anaeroben Bereich bis an deine Grenzen gehst wie etwa an steilen Bergen oder beim Endspurt zur Ziellinie.

Im Alltag beugt eine gute Haltung Kopfschmerzen, dem Verlust der Knochendichte und dem Risiko einer Ischämie (einer Blutarmut im Muskelgewebe) vor. Nicht zu vergessen sind natürlich das Selbstvertrauen und das sichere Auftreten, die eine aufrechte Haltung mit sich bringt. Auf all diese Vorzüge werden wir in diesem Kapitel noch genauer eingehen. Beginnen möchten wir jedoch mit einer grundsätzlichen Diskussion über die Unterschiede zwischen der Haltung in Ruhe und in Bewegung.

Haltung in Ruhe

Die Wirbelsäule ist eine sehr flexible Struktur. Sie kann sich beugen, verwinden, drehen und im Anschluss wieder in die neutrale Position zurückkehren. Und all das, ohne langfristig Schaden zu nehmen. Die neutrale Position bezieht sich auf die Haltung, welche die Wirbelsäule im Ruhezustand einnimmt. Bei richtiger Ausrichtung im Ruhezustand verfügt die Wirbelsäule über eine natürliche Wölbung und Krümmung, wie sie in Abbildung 3.1 dargestellt sind.

Der Hals- und Lendenbereich des Rückgrats weisen eine leichte Lordose auf, also eine dezente Vorwärtskrümmung. Die Krümmung sollte in der neutralen Position im Halswirbelbereich 30 bis 35 Grad und im Lendenwirbelbereich 45 Grad betragen.

TOMMY IN AKTION Die Atmung war schon immer eine meiner Stärken. Ich habe eigentlich kein breites Knochengerüst, verfüge aber trotzdem über einen fassförmigen Thorax. Ich schätze, mit meinem Atemvolumen konnte aus mir gar nichts anderes als ein Radfahrer werden. Die genetische Veranlagung ist aber nur die halbe Miete. Ob ich die große Brusthöhle auch voll ausnutze, liegt jedoch ganz bei mir. Wenn meine Haltung auf dem Rad schlampig wird, merke ich das immer schnell an der Atmung. Ich fühle mich dann eingeengt und kann bei den Anstiegen nicht meine volle Lungenkapazität ausschöpfen.

ABBILDUNG 3.1 NATÜRLICHE WÖLBUNGEN UND UNTERTEILUNGEN DER WIRBELSÄULE

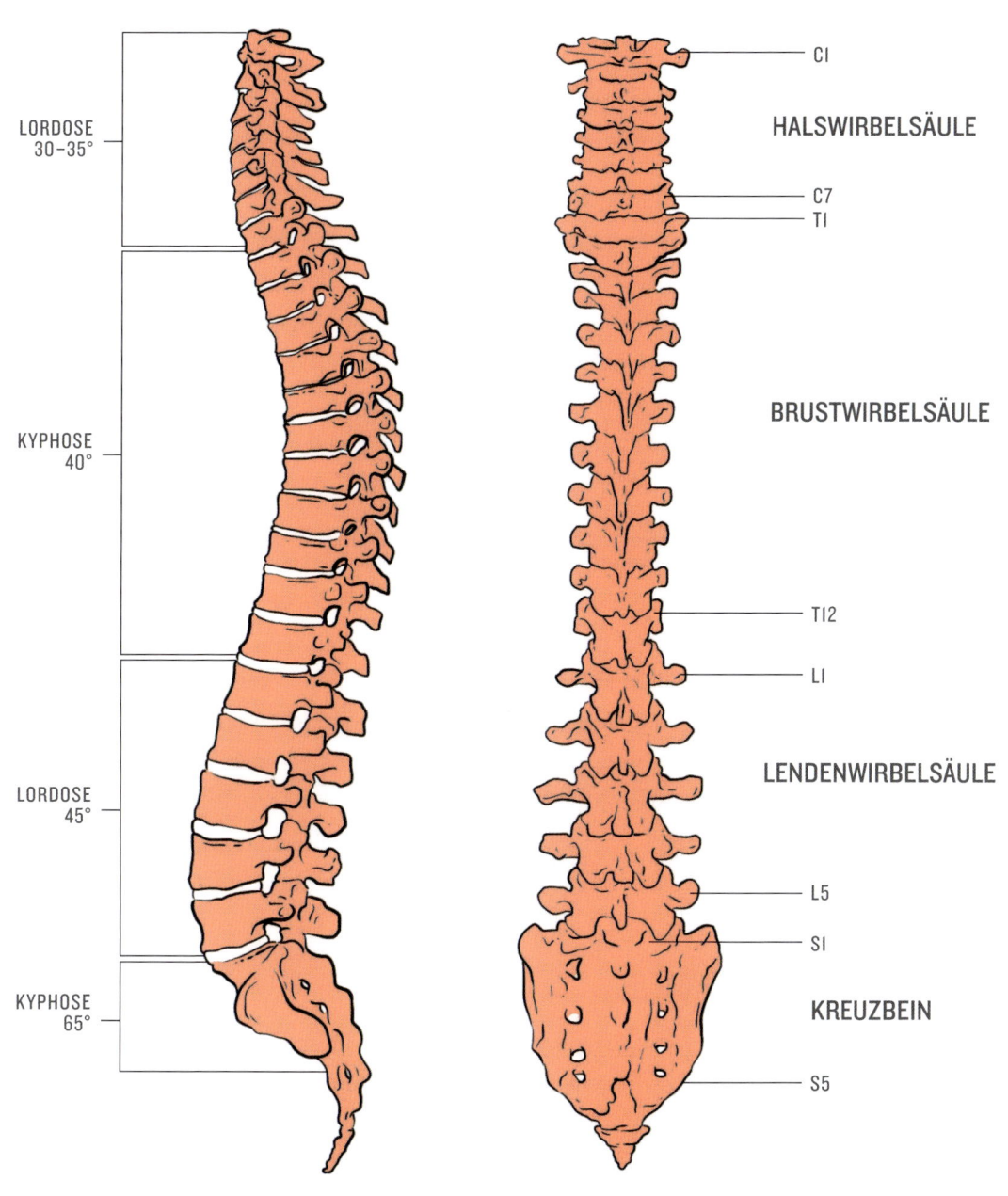

LORDOSE
30–35°

KYPHOSE
40°

LORDOSE
45°

KYPHOSE
65°

CI

HALSWIRBELSÄULE

C7
TI

BRUSTWIRBELSÄULE

TI2

LI

LENDENWIRBELSÄULE

L5

SI

KREUZBEIN

S5

TOMMY IN AKTION

Beim Bergabfahren ist es wichtig, den Körper so entspannt wie möglich zu halten. Die Arme und Beine müssen weich, die Halte- und Stützmuskeln im Core aber dennoch angespannt sein, um für einen stabilen Schwerpunkt über dem Sattel zu sorgen. Auf die Art lassen sich die Kurven besser nehmen. Auch die Reaktion auf Schutt und Unebenheiten wird damit leichter.

Die Brustwirbelsäule sowie das Kreuzbein hingegen müssen in der Grundstellung rückwärts gekrümmt sein. Diese Art der Wölbung wird auch Kyphose genannt. Im gesunden Zustand liegt die Ausprägung der Kyphose in der Brustwirbelsäule bei 40 und des Kreuzbeins bei 65 Grad. Diese Zahlen stellen den Durchschnitt dar. Die tatsächlichen Werte können individuell abweichen.

Die Krümmungen in der Wirbelsäule eines Neugeborenen sind noch nicht voll ausgeprägt. Das Rückgrat verändert sich während des Wachstums noch. Eine geschlechtsspezifische Besonderheit ist die größere Lordose in der Lendenwirbelsäule bei Frauen.

Unabhängig von diesen speziellen Merkmalen ist es wichtig zu wissen, dass im Ruhezustand die Wölbung eines Bereichs die Ausrichtung der nebenliegenden Abschnitte beeinflusst. Mit anderen Worten: Weicht die Krümmung der Brustwirbelsäule ab, versucht der Körper, dies durch Veränderungen in den anderen Teilen des Rückgrats auszugleichen. Das Ganze ist wie eine Kettenreaktion. Wie bei einer Reihe aufgestellter Dominosteine setzen sich Haltungsfehler einzelner Wirbel in anderen Bereichen fort, sobald der erste Stein fällt. Dies kann Verletzungen, eine Beeinträchtigung der neuromuskulären Funktionen und eine verminderte Leistungsfähigkeit nach sich ziehen.

Haltung in Bewegung

Unsere Eltern haben uns beigebracht, uns aufrecht hinzustellen und ruhig zu sitzen. Doch eine gute Haltung besteht aus weit mehr als nur statischen Positionen. Sie umfasst auch die Haltung in der Bewegung. Auf dem Rad ist es wichtig, sowohl im Ruhezustand als auch während der Fortbewegung in Balance zu bleiben und die Kontrolle zu behalten.

Das Radfahren ist insofern ein einzigartiger Sport, als der Körper zwar ständig in Bewegung ist, aber auch stabilisiert und kontrolliert werden muss, um das Rad ruhig zu halten. Ein eindrucksvolles Beispiel hier sind die Aufnahmen der nervenzerreißenden Abfahrt vom Col du Tourmalet bei der 16. Etappe der Tour de France 2011. Trotz der gewundenen Kurven, des rauen Asphalts und der halsbrecherischen Geschwindigkeiten fuhren die Teilnehmer praktisch wie am Schnürchen gezogen hinunter ins Tal. Die fast bewegungslose Haltung der Sportler bei dieser Abfahrt demonstriert eindrucksvoll, was es heißt, den Körper in der Bewegung ruhig zu halten.

Eine weitere typische Situation zur Verdeutlichung: Du bist mit einer Gruppe von Freunden auf der Landstraße unterwegs. Ihr kommt an eine Vorfahrtsstraße und müsst links abbiegen. Beim Abbremsen müsst ihr den Kopf nach links und rechts drehen, um zu sehen, ob Autos kommen. Gleichzeitig weicht ihr aber nicht von eurer Spur ab und kollidiert auch nicht miteinander. Dieses einfache Szenario verdeutlicht die Wichtigkeit einer geschmeidigen und flexiblen Wirbelsäule. Die Hals- und Brustwirbelsäule muss sich von einer Seite zur anderen beugen und gleichzeitig eine axiale Rotation ausführen. Die Lendenwirbelsäule stabilisiert indes den Körper, damit du nicht vom Rad fällst.

Ist nur ein Bereich der Wirbelsäule in seinem Bewegungsausmaß eingeschränkt, musst du den ganzen Körper bewegen, um dich umzudrehen, den Kopf wenden oder dich nach vorn beziehungsweise hinten lehnen zu können. Zu so einem eingeschränkten Spielraum kann es etwa kommen, wenn du eine ungünstige Schlafposition eingenommen und am nächsten Tag einen steifen Hals hast. Oft liegen in solchen Fällen jedoch Haltungsfehler der Wirbelsäule vor.

Haltungsfehler

Die wenigsten von uns haben sowohl in Ruhe als auch in Bewegung eine perfekte Körperhaltung. Die Fehlhaltungen sind inzwischen so weit verbreitet, dass es umgekehrt schon eher auffällt, wenn einmal ein Mensch mit einer perfekten Haltung an uns vorbeiläuft. Der Grund für die alarmierend hohe Zahl ernsthafter Haltungsschäden in der Bevölkerung sind der ständig zunehmende Gebrauch

TOMMY IN AKTION

Über die Jahre habe ich immer wieder nach der perfekten und schnellsten Fahrposition gesucht. In der Regel handelt es sich dabei um minimale Anpassungen im Millimeterbereich, die allerdings riesige Auswirkungen haben. Was ich dabei gelernt habe: Ich denke, je kompakter ich sitze, umso schneller komme ich vorwärts, vor allem beim Zeitfahren. Je näher sich meine Extremitäten an der Core-Muskulatur befinden, umso mehr Power kann ich entwickeln. Die gekrümmte Fahrposition gilt es nach dem Sport aber immer wieder durch Ausgleichsübungen zu korrigieren. Dafür halte ich mich an ein ganzjähriges Trainingsprogramm zur Stärkung der Core-Muskulatur.

von Computern und Handys sowie die Zeit, die wir auf Stühlen und der Couch sitzen und lümmeln.

Als Radfahrer ist dein Risiko für Fehlhaltungen sogar noch höher. Schuld daran sind die vielen Stunden, die du gekrümmt auf dem Drahtesel verbringst.

Nimm dir nur einmal den typischen Tagesablauf eines Radsportlers: Nach acht Stunden Schlaf in einer gekrümmten Position schwingst du dich aufs Rad, wo du eine aerodynamische Haltung mit Rundrücken einnimmst. Danach setzt du dich acht Stunden lang in Schreibtischhaltung vor den Computer, um dich anschließend nach Feierabend noch vier Stunden lang bequem auf die Couch zu fläzen.

Du hast einen kompletten Tag lang keine Minute lang eine korrekte Körperhaltung eingenommen. Und jetzt stell dir vor, das geht tage-, monate-, jahre- oder sogar jahrzehntelang so weiter. Es ist nur logisch, dass sich dabei irgendwann einmal unbemerkt Fehlhaltungen einschleifen, ohne dass du merkst, wie sehr du auf Dauer der Gesundheit deiner wertvollen Wirbelsäule schadest.

Haltungsfehler können zu verschiedenen Leistungseinschränkungen führen, wie sie in den vorherigen Kapiteln dargestellt wurden. Zu den Einschränkungen gehören die gestörte Verbindung zwischen Gehirn und Muskulatur, muskuläre Verspannungen, Überlastungen und Ermüdungen sowie Verletzungen an Gelenken, Bandscheiben und Muskeln. Die Henne-Ei-Frage (Was war zuerst da?), ist nicht immer eindeutig zu beantworten. Die Beschwerden können

TOMMY IN AKTION

Ich erinnere mich noch an das Mountainbikerennen in Golden im US-Bundesstaat Colorado. In der dritten von vier Runden lag ich über zwei Minuten in Führung. Es stimmte alles: Ich war voll konzentriert und hatte alles unter Kontrolle. Mit voller Konzentration brauste ich auf meinem SoBe/Cannondale über den schlammigen Untergrund. Etwa einen Kilometer vor der Start-/Ziellinie folgte dann noch einmal ein steiler Anstieg, bei dem ich im Sattel bleiben musste, um auf dem Matschboden den Zug aufrechtzuerhalten. Ich fuhr in den Hügel hinein und trat kräftig in die Pedale, um ordentlich Kraft zu entwickeln. Statt aber zu beschleunigen, versagten mir meine Beine auf einmal ihre Dienste. Im unteren Rücken bemerkte ich einen schrecklichen stechenden Schmerz. Es war mir unmöglich, weiterzutreten.

Ich stieg ab und schob mein Rad bis nach oben. Ich dachte mir, der Schmerz würde schon wieder vergehen, wenn ich nur meinen Rücken etwas strecke. Doch auch die Dehnung half nichts. Es tat so weh, dass ich nicht einmal mehr das Rennen abschließen konnte. Ich musste eine Runde vor dem Ziel abbrechen.

Nach dem Rennen war ich mir sicher, dass ich mir nur den Rücken etwas verrissen hatte und sich die Beschwerden nach einer kurzen Auszeit wieder geben würden. Ich legte eine Pause ein und wartete, bis die Schmerzen vorüber waren. Dann schwang ich mich wieder aufs Rad, als wäre nichts passiert. Es war alles in Ordnung, bis mir nur ein paar Wochen später genau dasselbe wieder bei einem anderen Rennen passierte: stechende Schmerzen im unteren Rücken, dann keine Kraft mehr in den Beinen. Ich war absolut frustriert und konnte mir einfach nicht vorstellen, was falsch gelaufen war.

Monatelang rannte ich zu Spezialisten. Sie suchten nach Verletzungen in der Region, an der sich die Schmerzen bemerkbar machten. Wirklich Abhilfe schaffte aber letztendlich nur eine Haltungskorrektur! Mein „Radlerrücken" hatte nämlich zu den intensiven Rückenschmerzen geführt. Durch das jahrelange Radfahren war ein Muskelungleichgewicht entstanden. Dies war deutlich an meiner schlechten Haltung zu erkennen. Das Muskelungleichgewicht führte wiederum zu einer Verletzung im Kreuzbein-Darmbein-Gelenk.

Die Lösung: die Stärkung und das Stretching meiner Core-Muskulatur. Jeden Tag, bevor es aufs Rad ging, absolvierte ich ein ausgedehntes Core-Programm (siehe Teil 2). Durch die Übungen stimulierte ich sämtliche Muskelgruppen, sodass sie auf dem Rad richtig funktionierten. Das Programm half mir gleichzeitig auch, den Core zu stärken. Nach nur einem Monat harter Arbeit war mein Kreuzbein-Darmbein-Gelenk wieder in Ordnung. Meine Haltung hatte sich verbessert und ich fühlte mich viel sattelfester.

ABBILDUNG 3.2 **BESCHWERDEN IM ZUSAMMENHANG MIT HALTUNGSFEHLERN**

sowohl Folge als auch Ursache der Haltungsschäden sein. Sicher ist nur, dass beides untrennbar miteinander verbunden ist (Abbildung 3.2).

Einer der vielen Gründe dafür, warum sich Haltungsschäden unbemerkt einschleichen: Es gibt unendlich viele Ausprägungen und Schweregrade. Grundsätzlich kann jede Abweichung von der optimalen Ausrichtung des Skeletts als Haltungsfehler bezeichnet werden. Eine schlechte Haltung kann jede Stelle des Körpers betreffen, selbst die Füße!

Wir wollen uns jedoch auf die fünf wichtigsten Fehlhaltungen konzentrieren, die direkt mit der Wirbelsäule zusammenhängen.

ÜBERMÄSSIGE LORDOSE DER HALSWIRBELSÄULE

Weiter oben in diesem Kapitel wurde bereits der Begriff der Lordose eingeführt: die Vorwärtskrümmung der Wirbelsäule. Bei einer zu starken Lordose der Halswirbelsäule ist der Hals nach vorne verschoben, sodass die Ohren nicht mehr direkt auf die Schultern ausgerichtet sind (Abbildung 3.3).

TOMMY IN AKTION   Die laterale Beweglichkeit der Wirbelsäule ist sehr praktisch, wenn du beim Fahren mit deinen Kollegen plaudern willst. In den meisten Fällen nutze ich die laterale Flexibilität jedoch, um zu sehen, wie weit ich vor der Konkurrenz liege!

ABBILDUNG 3.3 ÜBERMÄSSIGE LORDOSE DER HALSWIRBELSÄULE

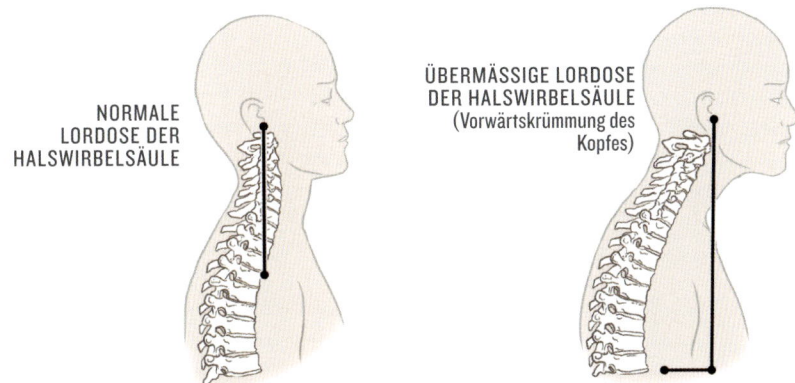

NORMALE
LORDOSE DER
HALSWIRBELSÄULE

ÜBERMÄSSIGE LORDOSE
DER HALSWIRBELSÄULE
(Vorwärtskrümmung des
Kopfes)

Das ist aus verschiedenen Gründen problematisch. Eine der größten Schwierigkeiten besteht jedoch darin, dass die Halswirbelsäule die Bewegung des Körpers vorgibt. Wenn du den Kopf nach links drehst, folgt der Rest des Rumpfes. Ist der Kopf regelmäßig zu weit nach vorne geneigt (zum Beispiel jedes Mal auf dem Rad), folgen die Brust- und irgendwann auch die Lendenwirbelsäule automatisch der Wölbung nach vorn. Von einer korrekten Ausrichtung der Halswirbelsäule profitiert also das gesamte Rückgrat.

Dies sind die möglichen negativen Folgen einer übermäßigen Lordose in der Halswirbelsäule bei Radfahrern:

» Chronische Halsschmerzen
» Kopfschmerzen
» Dauerhafte Vorwärtskrümmung des Halses
» Kettenreaktion mit übermäßiger Wölbung der Brust- und Lendenwirbelsäule

ÜBERMÄSSIGE KYPHOSE DER BRUSTWIRBELSÄULE

Zu den eindeutigen Anzeichen für diese Fehlhaltung zählt der Rundrücken mit nach vorne gezogenen Schultern und eingezogenem Brustkorb (Abbildung 3.4). Die meisten Menschen weisen zumindest eine leicht übertriebene Kyphose der Brustwirbelsäule auf. Bei Radfahrern ist das Phänomen allerdings besonders weit verbreitet.

ABBILDUNG 3.4 ÜBERMÄSSIGE KYPHOSE DER BRUSTWIRBELSÄULE

NORMALE
KYPHOSE DER
BRUSTWIRBELSÄULE

ÜBERMÄSSIGE
KYPHOSE DER
BRUSTWIRBELSÄULE

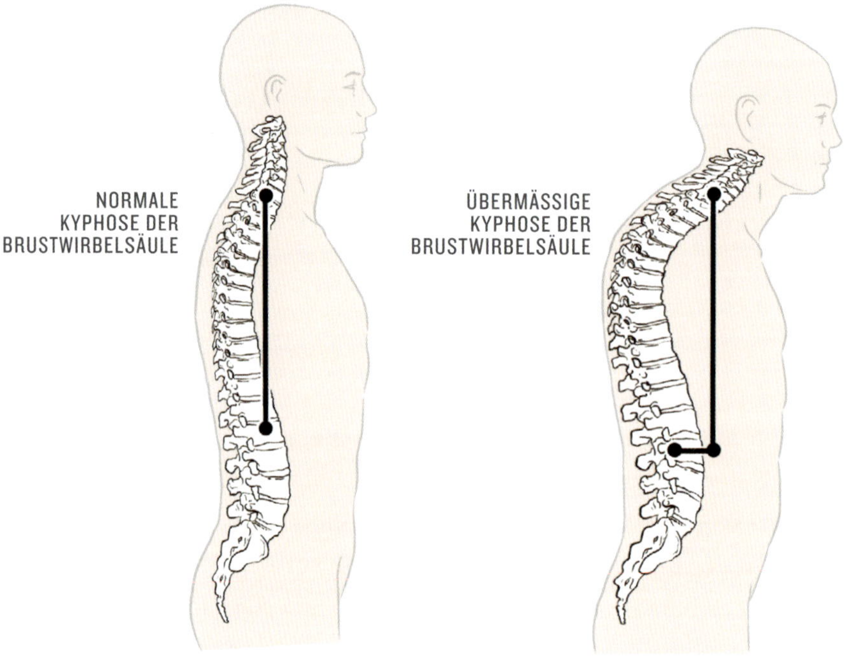

Der Hauptgrund, warum jeder Radfahrer auf die Haltung seiner Brustwirbelsäule achten sollte: Der Brustraum muss flexibel und offen sein, damit die Lunge ihre volle Kapazität erreicht und möglichst viel Sauerstoff zu den Muskeln gelangt. Nur so kannst du an steilen Hügeln an deinen Freunden vorbeiziehen, ohne nach Luft zu japsen. Ist die Brustwirbelsäule zu stark nach vorne gerundet, verkrampft die Muskulatur an der Körpervorderseite. Ihr Bewegungsspielraum ist dann eingeschränkt, und du nimmst auch im Alltag eine schlaffe Körperhaltung ein. Sind die Muskeln über einen längeren Zeitraum derart fixiert, wird es praktisch unmöglich, den Brustraum wieder zu öffnen.

Dies sind die möglichen negativen Folgen einer übermäßigen Kyphose in der Brustwirbelsäule bei Radfahrern:

» Verringertes Atemvolumen
» Chronische Schmerzen im oberen Rücken
» Permanente Vorwärtskrümmung des oberen Rückens

ÜBERMÄSSIGE LORDOSE DER LENDENWIRBELSÄULE

Wie zuvor bereits erwähnt, tritt diese Fehlhaltung bei Frauen häufiger auf als bei Männern. Die Beckenoberseite ist dabei nach vorne gekippt. Ein eindeutiges Anzeichen für eine starke Lordose im Lendenwirbelbereich, wie sie in Abbildung 3.5 zu sehen ist: Der Gürtel sitzt hinten höher als vorne. Die Beckenoberkante ist nach vorne geneigt, während der Beckenboden nach hinten und etwas nach oben wandert. Das sieht dann etwas so aus, als würde der Betreffende den Hintern und den Bauch herausstrecken.

Diese Art der Lordose kann die unterschiedlichsten Nebenwirkungen mit sich bringen. Die am weitesten verbreitete Folge sind chronische Schmerzen im unteren Rücken. Die Wirbel der Lendenwirbelsäule sind mit am dicksten, und dasselbe gilt für die Bandscheiben in diesem Bereich. Das ist auch gut so, weil sie so besser den unteren Rücken und das Becken sowie alle darin liegenden Nerven schützen können. Allerdings birgt dies auch ein größeres Gefahrenpotenzial. Je größer die Bandscheiben, umso mehr Schaden können sie nämlich auch anrichten.

Der Löwenanteil der Bandscheibenverletzungen wie Bandscheibenvorfälle, -rupturen oder -degenerationen betrifft den Lendenbereich. So eine Verletzung kann dich lange Zeit außer Gefecht setzen. So geht nicht nur wertvolle Trainingszeit verloren.

ABBILDUNG 3.5 ÜBERMÄSSIGE LORDOSE DER LENDENWIRBELSÄULE

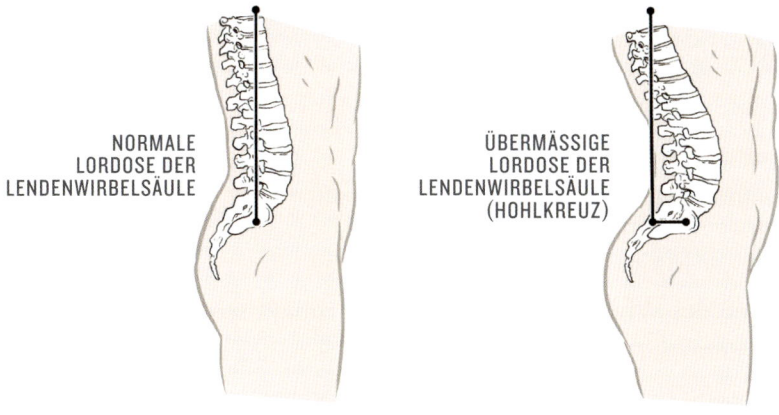

NORMALE LORDOSE DER LENDENWIRBELSÄULE

ÜBERMÄSSIGE LORDOSE DER LENDENWIRBELSÄULE (HOHLKREUZ)

Diese Verletzungen können auch zu bleibenden Nervenschäden in der Lenden-
gegend führen. Die Nerven der Lendenregion steuern die Gesäßmuskulatur, die
Oberschenkelrückseite, den Quadrizeps sowie die Wadenmuskulatur – alles
Muskeln, die wir beim Radfahren brauchen.

Dies sind die möglichen negativen Folgen einer übermäßigen Lordose in
der Lendenwirbelsäule bei Radfahrern:

» Chronische Schmerzen im unteren Rücken
» Bandscheibenverletzungen
» Beeinträchtigte Muskelfunktion in den Beinen

ÜBERMÄSSIGE KYPHOSE DER LENDENWIRBELSÄULE

Die Neigung des oberen Beckenrandes nach hinten ist bei Fahrradfahren sehr
häufig zu beobachten. Das liegt vor allem daran, dass das Becken im Sattel genau
diese Position einnimmt. Das Steißbein wandert dabei nach unten und vorne,
sodass sich die Vorderseite der Gürtellinie nach oben bewegt (Abbildung 3.6).
Bei Radfahrern kommt zur starken Kyphose im Lendenbereich oft eine übertriebene Kyphose der Brustwirbelsäule. Beide Verkrümmungen sind notwendig,
um im Sattel die optimale aerodynamische Position einzunehmen.

Die Gefahren für die Bandscheiben sind bei dieser starken Lordose der
Lendenregion genauso groß wie bei der Kyphose. Bei der lumbaren Kyphose
kommt noch dazu, dass die Oberschenkelrückseite gedehnt wird, was zu Verspannungen und einer verminderten Muskelleistung führen kann.

Dies sind die möglichen negativen Folgen einer übermäßigen Kyphose in der
Lendenwirbelsäule bei Radfahrern:

» Chronische Schmerzen im unteren Rücken
» Bandscheibenverletzungen
» Beeinträchtigte Muskelfunktion in den Beinen

SEITLICH GEKIPPTES BECKEN

Fehlhaltungen der Wirbelsäule müssen nicht immer frontal verlaufen. Es
ist auch möglich, dass das Becken auf einer Seite höher ist als auf der anderen (Abbildung 3.7). Derartige Haltungsfehler sind weiter verbreitet, als man
denkt. Sie sind hauptsächlich für Schmerzen im Kreuzbein-Darmbein-Gelenk

ABBILDUNG 3.6 ÜBERMÄSSIGE KYPHOSE DER LENDENWIRBELSÄULE

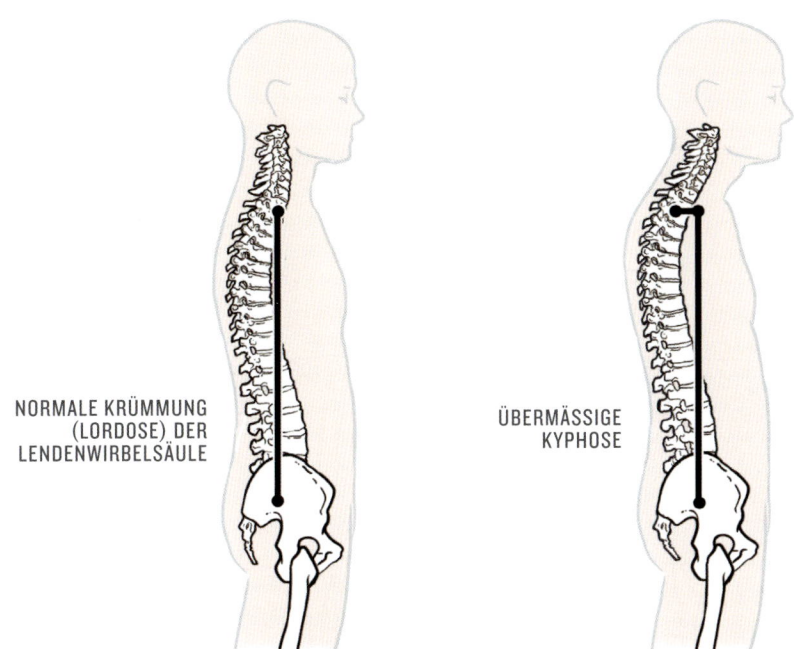

NORMALE KRÜMMUNG
(LORDOSE) DER
LENDENWIRBELSÄULE

ÜBERMÄSSIGE
KYPHOSE

verantwortlich. Wer schon einmal stechende Schmerzen ganz unten und seitlich versetzt an der Wirbelsäule gespürt hat, sollte eine seitliche Fehlausrichtung des Kreuzbein-Darmbein-Gelenks als Ursache in Betracht ziehen. (Auf Seite 50 gehen wir genauer auf derartige Verletzungen ein.) Dieses Gelenk stellt die Verbindung zwischen dem Kreuzbein (dem unteren Teil der Wirbelsäule) sowie dem Darmbein (einem Teil des Beckens) dar. Es enthält die stärksten Bänder des Körpers.

Seine Hauptaufgabe besteht darin, die Stöße abzufedern, die beim Laufen, Rennen, Springen und sonstigen Bewegungen auf Becken und Wirbelsäule einwirken. Passt die Ausrichtung des Kreuzbein-Darmbein-Gelenks nicht, ist die Stabilität des Beckens und der unteren Wirbelsäule beeinträchtigt. Die Nerven in dieser Region können dann gequetscht werden. Bei starken Problemen in dieser Region kann ein stechender Schmerz entstehen, der sich an der Rückseite des Beins bis hinunter zur Wade zieht.

ABBILDUNG 3.7 **SEITLICHE NEIGUNG DES BECKENS**

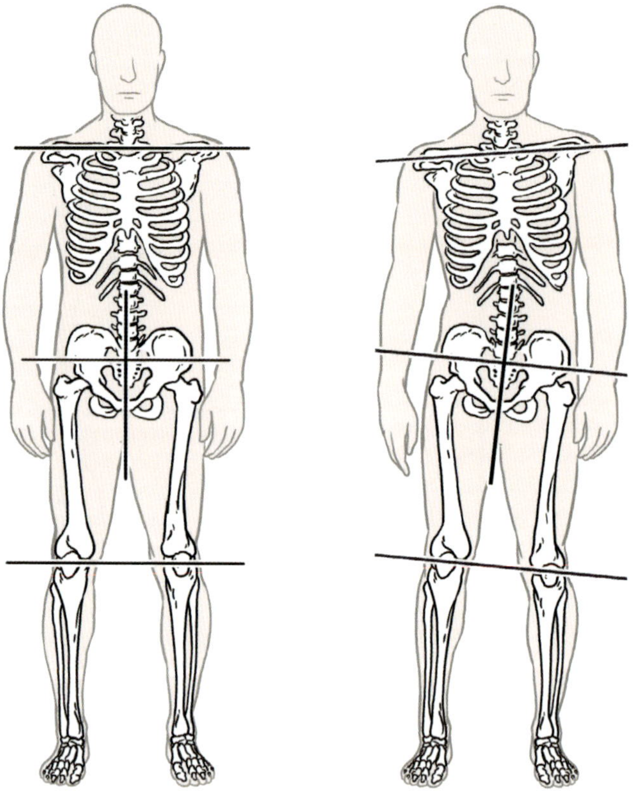

UNGLEICHMÄSSIGE
SCHULTERHALTUNG
ALS FOLGE
EINES SEITLICH
GEKIPPTEN BECKENS

GERADES
BECKEN

SEITLICHE
BECKENNEIGUNG

KNIE AUF EINER SEITE
DURCHGESTRECKT,
AUF DER ANDEREN
GEBEUGT

Dies sind die möglichen negativen Folgen einer übermäßigen seitlichen Beckenneigung bei Radfahrern:

» Chronische Schmerzen im Kreuzbein-Darmbein-Gelenk
» Permanente seitliche Krümmung der unteren Wirbelsäule

Gründe für Haltungsfehler

Auslöser für die Fehlhaltungen können Schäden des Knochenskeletts wie etwa zentrale Lähmungen oder Skoliose sein. Statistisch gesehen sind diese Krankheiten jedoch eher selten. Weitaus wahrscheinlicher sind die folgenden Ursachen.

DAUERHAFTE UND WIEDERHOLTE FEHLBELASTUNG

Der Körper ist einer dauerhaften Belastung ausgesetzt, wenn die vorgenannten Haltungsfehler über einen längeren Zeitraum hinweg bestehen. Dies passiert fast zwangsläufig, wenn du nicht mit einem entsprechenden Trainingsprogramm entgegenwirkst. Dazu gibt es noch die ständig wiederkehrenden haltungsbedingten Belastungen. Dabei nimmt der Körper für vorübergehende Dauer eine schädliche Haltung ein. Wie schon zuvor in diesem Kapitel erwähnt, muss der Sportler auf dem Rad eine ungünstige Position in Kauf nehmen, will er seine Aerodynamik verbessern.

MUSKULÄRE FEHLBELASTUNGEN UND ÜBERLASTUNGEN

Dieses Thema wurde bereits in Kapitel 1 eingehend behandelt. Dort haben wir gesehen, wie eng ein gestörtes Muskelungleichgewicht, die Fehlbelastung der Muskulatur, Muskeldefizite und Leistungseinschränkungen zusammenhängen. Dabei kam auch zur Sprache, dass sich durch eine wiederholte fehlerhafte Muskelaktion Verspannungen und Bewegungseinschränkungen ergeben, welche die Knochen und Gelenke in falsche Positionen hineinzwingen. So können die Wirbelsäule und das Becken in eine Fehlstellung geraten. Dies kann Haltungsfehler hervorrufen oder verstärken.

BEWEGUNGSMANGEL

Durch Bewegungsmangel kommt es zur Muskelatrophie (dem Verlust von Muskelmasse). Das ist insofern problematisch, als die Muskulatur die Knochen stützt. Ohne ein starkes Muskelkorsett fehlt den Knochen und Gelenken die notwendige Unterstützung und Stabilisierung. Das Risiko von Brüchen und sonstigen Verletzungen steigt. Ab einem Alter von 25 Jahren verliert der menschliche Körper 0,5 bis ein Prozent an Muskelmasse pro Jahr. Diese Masse wird in der Regel durch Fettgewebe ersetzt. Dem Verlust der Muskelmasse kannst du durch ein regelmäßiges Trainingsprogramm vorbeugen. Dazu sollten auch Core-Übungen zählen, welche die Muskulatur im Bereich der Wirbelsäule und des Beckens gesund und stark halten.

HALTUNGSTESTS

Nach all den theoretischen Überlegungen möchtest du möglicherweise wissen, wie es um deine Körperhaltung bestellt ist. Hier sind einige einfache Methoden zur Selbstdiagnose. So kannst du dir ein klares Bild darüber verschaffen, in welchen Bereichen Handlungsbedarf besteht.

Zeichen für eine übermäßige Lordose der Halswirbelsäule *(siehe Abbildung 3.3)*:
» Im Profil befinden sich die Ohren nicht direkt oberhalb des Schlüsselbeins.
» Wenn du den Blick zur Decke richtest, fühlt sich der Nacken extrem verspannt an.

Zeichen für eine übermäßige Kyphose der Brustwirbelsäule *(siehe Abbildung 3.4)*:
» Wenn du dich flach auf den Rücken legst, berühren die Außenkanten der Schulterblätter sowie die Schulterrückseite nicht dem Boden.
» Es fällt dir schwer, die Finger hinter dem Rücken zu falten. Falls du sie doch falten kannst, spürst du eine extreme Spannung an der Schultervorderseite und im Brustraum.

Zeichen für eine übermäßige Lordose der Lendenwirbelsäule *(siehe Abbildung 3.5)*:
» Wenn du dich flach auf den Rücken legst, kannst du problemlos deine Hand zwischen den unteren Rücken und den Boden schieben.
» Gürtel und Kleidungsstücke sitzen vorne höher als hinten.
» Dein Bauch ist nach vorne gewölbt. Erst, wenn du die Gesäßmuskulatur anspannst und das Steißbein senkst, kannst du den Bauch einziehen.

Zeichen für eine übermäßige Kyphose der Lendenwirbelsäule *(siehe Abbildung 3.6)*:
» Wenn du im aufrechten Stand versuchst, den Körper nach hinten zu wölben, kommst du nicht besonders weit.
» Deine Oberschenkelrückseite ist extrem verspannt, und es fällt dir seit jeher schwer, deine Zehen zu berühren.

Zeichen für eine seitliche Neigung des Beckens *(siehe Abbildung 3.7)*:
» Du verlagerst im Stand oft das gesamte Körpergewicht auf nur einen Fuß.
» Deine Hüfte ist auf der einen Seite höher als auf der anderen.
» Auf einer Seite des unteren Rückens sind Verspannungen und Beschwerden spürbar, die andere ist jedoch beschwerdefrei.

MANGELNDE CORE-POWER

Selbst, wenn du über eine gesunde Menge an Muskelmasse verfügst – es ist möglich, dass diese Muskulatur nicht effektiv arbeitet. Die Muskeln des Core halten die Wirbelsäule. Sind sie nicht besonders stark ausgeprägt, wird es schwer, Fehlhaltungen zu korrigieren.

Korrektur von Haltungsfehlern

Der wichtige erste Schritt ist schon einmal die Erkenntnis, dass überhaupt ein Haltungsfehler vorliegt. Der nächste Schritt besteht darin, korrigierend einzugreifen. Auf die Einsicht, dass die eigene Haltung Schwachstellen aufweist, reagieren viele Menschen entmutigt, besorgt und befangen. Hier hilft der versöhnliche Gedanke, dass sich die Haltung mit der richtigen Übungsauswahl drastisch verbessern lässt.

Im zweiten Teil dieses Buchs findest du Core-Workouts für alle Fehlhaltungen, auf die wir in diesem Kapitel eingegangen sind.

Bei dir liegt mehr als nur ein Haltungsfehler vor? Keine Angst: Fast jeder Mensch weist gleich mehrere Fehlstellungen auf einmal auf. Das Programm ist

TOMMY IN AKTION

Als ich im Februar 2008 begann, mit Allison zusammenzuarbeiten, war meine Core-Muskulatur in einer ziemlich schlechten Verfassung. Ich erholte mich gerade von einem üblen Sturz, den ich einige Monate zuvor bei der Vuelta a España (der Spanienrundfahrt) erlitten hatte. Die vorgewölbte Bandscheibe im unteren Rücken bereitete mir beim Fahren jedes Mal große Schmerzen. Ich fühlte mich allgemein klapprig und schwach. Ich weiß noch, wie mich Allison gleich bei der ersten Trainingseinheit in den Unterarmstütz schickte, um zu sehen, in welcher Verfassung ich war. Ich hielt gerade mal zehn Sekunden lang durch! Ich war frustriert und entmutigt, wusste aber auch, dass sich an meiner Core-Muskulatur nie etwas verbessern würde, wenn ich jetzt aufgeben würde.

Wenn dir einige der Übungen in diesem Buch schwerfallen, denk einfach an mich, wie ich beim Unterarmstütz einbreche und auf die Nase falle! Das sollte dir helfen, am Ball zu bleiben. Nur so schaffst du es, stärker zu werden und deine Ziele zu erreichen.

dafür ausgelegt, mehrere Bereiche gleichzeitig zu trainieren. Beim Haltungs-training kommt es wie auch bei anderen Trainingsformen darauf an, den nötigen Fleiß und die erforderliche Konstanz an den Tag zu legen, um seine Ziele zu erreichen. Die Übungen in diesem Buch unterstützen dich dabei.

Weitere Vorzüge einer gesunden Haltung

Stell dir einen Menschen mit einer 1A-Körperhaltung vor. Jemand, der aufrecht dasteht, selbstbewusst die Brust herausstreckt, die Schultern nach hinten zieht und den Kopf aufrecht hält. Ein selbstsicherer Mann oder eine stolze Frau mit fester Stimme und souveränem Auftreten. Die Forschungen belegen, dass sich die Haltung auf unsere Ausstrahlung auswirkt. In der Januarausgabe 2011 der Fachpublikationen „Psychological Science" wurde hierzu ein Artikel veröffent-licht, der drei wissenschaftliche Studien zitierte. Darin zeigte sich, dass die Haltung und nicht etwa der Titel oder die gesellschaftliche Stellung der Test-personen darüber bestimmte, ob diejenigen als Autoritäten wahrgenommen wurden. Dies bezog sich auf die unterschiedlichsten Aktivitäten vom gezielten Handeln bis hin zur Leitung einer Gruppe. Stell dir vor, du könntest diese Ei-genschaften auf den Radsport übertragen.

Viele Radsportler gehen fälschlicherweise davon aus, dass es ihnen nur mit einer perfekten Form und nach endlosen Trainingsstunden möglich ist, im Sattel Selbstvertrauen auszustrahlen, wenn ihnen ein Kontrahent am Hinterrad hängt. Diese beiden Komponenten sind sicher nicht zu vernachlässigen. Doch sollten wir auch das Selbstbewusstsein nicht unterschätzen, das sich durch eine starke und stabile Fahrhaltung ergibt. Wenn du weißt, dass deine Core-Muskulatur so steinhart ist, dass du dein Fahrrad auch in den unvorhersehbarsten Situationen noch gut kontrollieren kannst, wirst du dich selbstsicher und stark fühlen. Du wirst jederzeit den Eindruck haben, Herr der Lage zu sein. Spürst du schon, wie sich dein Brustkorb vor Stolz hebt, wenn du dich in diese Situation hinein-denkst? Dann lass als Nächstes vor deinem geistigen Auge das folgende Bild entstehen: Du stehst aufrecht und erhobenen Hauptes auf dem Podest, während du die hart verdiente Belohnung für ein tolles Rennen entgegennimmst, das du dank deines kräftigen Core und deiner tollen Haltung gewonnen hast.

CORE-POWER
WORKOUTS UND ÜBUNGEN

TEIL II

KAPITEL 4

Flexibilität

Stretching ist langweilig. Stretching ist sinnlos. Stretching tut weh. Ich habe keine Zeit fürs Stretching. Dehnen kann ich mich später noch. Ich will erst ein bisschen fahren, bevor ich mich dehne.

Kommen dir diese Sätze bekannt vor? Die Liste an Ausreden, mit denen Radfahrer das Stretching auf die lange Bank schieben, ist lang. Doch die Ausflüchte ändern nichts an der Tatsache, dass die Steigerung und Erhaltung der Flexibilität für Spitzenleistungen unverzichtbar ist. Flexibilität bezeichnet die Fähigkeit der Weichteile (sprich: aller knochenlosen Körperteile wie Muskeln und Eingeweide), den vollen Spielraum der Gelenke zu ermöglichen. Ist das Bewegungsausmaß der Gelenke eingeschränkt, schlägt sich das auf die Leistung nieder. Du kannst dann nicht mehr auf die volle Kraft und Dynamik deiner Muskulatur zurückgreifen. In Kapitel 2 haben wir bereits das Verhältnis zwischen der Länge und der Spannung eines Muskels erklärt. Ist der Muskel in Ruhespannung zu lang oder zu kurz, kann er nicht die optimale Leistung bringen (Abbildung 2.3, Seite 33). Daneben erlaubt es eine gute Flexibilität auch, Muskelschmerzen vorzubeugen, die Haltung zu verbessern und die Belastung auf die Gelenke zu senken.

Bevor du dich jetzt aber auf gleich den Boden legst und wie wild deine Oberschenkelrückseite bis zum Zerreißen dehnst, um mehr Power für die Tour am nächsten Wochenende zu bekommen, solltest du wissen: Stretching ist nicht gleich Stretching. Es gibt nicht nur verschiedene Formen des Stretchings.

Durch die falschen Dehnungsübungen zum falschen Zeitpunkt kannst du sogar das Verletzungsrisiko erhöhen und deine Leistungsfähigkeit mindern. Verschaffen wir uns doch einen kurzen Überblick über die unterschiedlichen Möglichkeiten des Stretchings, um besser zu verstehen, wie du damit deine Leistungen auf der Straße verbessern kannst.

Statisches Stretching

Die statische Form des Dehnungstrainings beschreibt die Methode, welche die meisten Menschen mit dem Begriff „Stretching" verbinden. Beim statischen Stretching handelt es sich um eine passive Übungsform. Für die Haltungen wird die Muskulatur bis zu einer bestimmten Spannung bewegt und dort festgehalten. Ein Beispiel für eine Form des statischen Stretchings, die im Radsport häufig zu beobachten ist, wäre die Dehnung der Oberschenkelvorderseite. Dafür hältst du dich mit der rechten Hand an einem stabilen Gegenstand fest. Dann führst du mit der linken Hand die linke Ferse hoch zum Gesäß, wo du sie eine Zeitlang hältst. Danach wird die andere Seite trainiert. Im Anschluss beugst du dich

TOMMY IN AKTION

In der Vergangenheit habe ich morgens nach dem Aufstehen oft Dehnungsübungen gemacht, wenn ich mich besonders motiviert fühlte und ein Rennen anstand. Ich machte den Fehler, dafür statische Dehnungsübungen zu verwenden, weil das alles war, was ich kannte. Ich wäre nie darauf gekommen, dass es eine Verbindung zwischen den passiven Dehnübungen und einer schwachen Leistung im Rennen gäbe – bis mich Allison mit der Nase darauf stieß. Rückblickend erkannte ich dann: An den Tagen, an denen ich statische Dehnübungen ausgeführt hatte, fühlte ich mich in der Tat auf den ersten 30 bis 60 Minuten der Etappe immer so, als wäre ich noch nicht richtig in Tritt. Fast so, als müsste ich mich noch aufwärmen. Mittlerweile nutze ich die statische Ausführung nur noch nach meinen Fahrten. Ich habe festgestellt, dass das mir beim Cool-down sowie bei der Entspannung und Lockerung der Muskulatur hilft. Sehr wohltuend, aber definitiv nicht die Verfassung, in die man sich vor dem Start eines Rennens bringen sollte!

nach vorn, um die Finger zu den Zehen zu strecken und so die Oberschenkelrückseite zu dehnen. Auch diese Position ein paar Sekunden lang halten, dann ab aufs Rad und losgetreten! Aber halt, nicht so schnell: Es gibt da nämlich ein Problem ... Statisches Stretching vor dem Radfahren reduziert drastisch die Leistungsfähigkeit der Beine.

In den letzten zehn Jahren sind zahlreiche Studien herausgekommen, die darauf hindeuten, dass statische Dehnübungen vor dem Sport der Kraft, Ausdauer und Balance der Muskulatur schaden. Das gilt sowohl für ausdauerbasierte Sportarten wie das Radfahren als auch fürs Krafttraining. Die wissenschaftlichen Belege hierfür sind so überzeugend, dass sowohl die amerikanische National Academy of Sports Medicine als auch das European College of Sports Sciences als große sportwissenschaftliche Organisationen offiziell vom statischen Stretching vor dem Sport abraten. Stellt sich die Frage: Wozu sind die statischen Übungen dann überhaupt gut? Ganz einfach: Sie sind sinnvoll, um *nach* dem Training die Dehnbarkeit des Gewebes zu verbessern. Anders gesagt: Statisches Stretching hilft, die knochenlosen Teile des Körpers zu verlängern, ist also ideal fürs Cool-down. Eine gute Wirkung zeigen die passiven Dehnübungen auch bei Haltungsfehlern und chronisch verspannten Muskeln.

Richtig eingesetzt ist das statische Stretching sehr sinnvoll. Falls du dich nach dem Core-Programm nicht noch einmal auf den Sattel schwingen willst, kannst du ruhig einige solcher Übungen ans Ende des Workouts anschließen. Wichtig ist, dass die statischen Positionen zur optimalen Verbesserung der Dehnbarkeit der Weichteile mindestens 30 Sekunden lang gehalten werden sollten. Eine hervorragende Quelle ist „Delavier's Stretching Anatomy" von Frederic Delavier (bisher nur auf Englisch erhältlich). Darin sind zahlreiche Beispiele für statische Dehnübungen mit zugehörigen Muskeldiagrammen zu finden.

In den Trainingsprogrammen dieses Buchs sind keine solchen statischen Dehnübungen zu finden. Das mag merkwürdig erscheinen, da wir ja im Kapitel 3 immer wieder betont haben, wie wichtig es ist, Fehlhaltungen zu korrigieren. Die Übungen in diesem Buch sind jedoch dafür gedacht, den Sportler auf seine Fahrten vorzubereiten. Da das statische Stretching vor dem Sport die Kraftentwicklung behindert und das Verletzungsrisiko erhöht, enthalten unsere Programme nur dynamische Dehnübungen.

Propriozeptive Neuromuskuläre Fazilitation

Bei der Propriozeptiven Neuromuskulären Fazilitation (PNF) handelt es sich um eine überwiegend statische Form des Dehnens. Zur Ausführung ist die Hilfestellung eines Partners oder Trainers notwendig, der den Muskel in die gedehnte Position bewegt. Da die Muskulatur bei der PNF in der statischen Dehnung gehalten werden muss, hat diese Variante dieselben negativen Auswirkungen auf die sportliche Leistung wie andere Formen des statischen Stretchings. Die Methode sollte daher nicht vor dem Training genutzt werden. In Studien hat sich gezeigt, dass sämtliche Arten des Stretchings per PNF einen deutlichen Abfall der Arm- und Beingeschwindigkeit sowie der muskulären Reaktionszeit mit sich bringen. So ergibt sich beispielsweise im Vertikalsprung-Test nach dem Stretching per PNF beim Sportler eine Reduktion der Sprunghöhe von fünf Prozent.

Außerdem hat sich in Untersuchungen gezeigt, dass die PNF die Muskelkraft und -ausdauer beim Sport bis zu 60 Minuten lang nach Ausführung der Dehnübungen reduziert.

Wie beim statischen Stretching fehlen auch fürs Stretching nach der PNF-Methode stichhaltige Beweise dafür, dass die Behandlung vor dem Training das Verletzungsrisiko senkt oder Verletzungen vorbaut. Angesichts der eingehenden und umfassenden wissenschaftlichen Argumente gegen den Einsatz der PNF vor dem Sport sollte diese Form des Stretchings nie zum Warm-up verwendet werden. Anders verhält es sich mit der Anwendung nach dem Work-out: Hier hat sich gezeigt, dass die PNF das Bewegungsausmaß der Gelenke verbessert und genutzt werden kann, um die Beweglichkeit zu erhöhen.

TOMMY IN AKTION Es hat definitiv seine Vorteile, wenn du Profiradfahrer bist. Einer davon ist das Team an Betreuern, das dich bei jedem Rennen begleitet. Wenn ich mein Tagespensum absolviert habe (aber auch wirklich erst dann), hilft mir einer unserer Leute bei einer Reihe von Dehnübungen. Das ist zwar schmerzhaft, aber es lohnt sich. Auf lange Sicht verbessert das Stretching nämlich deutlich die Flexibilität. Wenn ich mich alleine dehne, neige ich immer dazu, das Stretching abzukürzen oder die Muskulatur auszuklammern, die es eigentlich am nötigsten hätte.

Es gibt drei Grundformen des Stretchings nach der PNF-Methode: das Halten und Entspannen, das Halten und Entspannen mit Kontraktion des Agonisten sowie das Kontrahieren und Entspannen. Bei allen drei Ausführungen wird die Muskulatur passiv durch einen Übungspartner bis zum Punkt des Widerstandes bewegt. Dann übt entweder der Sportler selbst Druck gegen diesen Widerstand aus, oder der Trainingspartner hält die Dehnung aufrecht. Es ist auch möglich, ein Band zu verwenden, um die Dehnung selbst vorzunehmen. Studien deuten allerdings darauf hin, dass diese Variante eine geringere Effektivität aufweist.

Sehen wir uns einmal die Dehnung der Oberschenkelrückseite an, um die Unterschiede zu verstehen. Dafür legt sich der Sportler normalerweise auf den Boden oder einen Behandlungstisch. Ein Bein ruht entspannt am Boden, während das andere ebenfalls so gerade wie möglich gehalten und durch den Trainingspartner angehoben wird. Bei der Variante mit Halten und Entspannen drückt der Partner das Bein des Sportlers vorsichtig bis zum Punkt des ersten Widerstandes, wo er es zehn Sekunden lang hält. Dabei darf sich die Oberschenkelrückseite entspannen, bevor das Bein weiter bis zum zweiten Punkt geführt wird, der theoretisch weiter hinten liegen sollte als der erste.

Das Halten und Entspannen mit Kontraktion des Agonisten beginnt auf dieselbe Art. Wenn jedoch der Punkt des ersten Widerstandes erreicht ist, drückt der Sportler selbst sein Bein leicht gegen den Druck seines Trainingspartners.

So kommt es zur Kontraktion der Oberschenkelrückseite, sprich des Agonisten. Der Helfer erwidert den Druck des Sportlers, sodass das Bein unverändert in der identischen Position bleibt.

Bei der Variante mit Muskelkontraktion und Entspannung erlaubt es der Helfer dem Sportler, das Bein langsam wieder zu Boden zu pressen, indem er einen geringeren Druck ausübt als der Sportler selbst.

Ballistisches Stretching

Die ballistische Variante ist die wahrscheinlich am meisten missverstandene und am fehlerhaftesten eingesetzte Art des Dehnungstrainings. Dabei geht der Sportler mit einer federnden Bewegung in die Dehnung hinein, was eine

Längung der Muskulatur bewirken soll. Ein gutes Beispiel wäre das wiederholte Auf- und Abfedern aus der Hüfte heraus, um von Mal zu Mal weiter hinunter zu den Zehen zu kommen.

Das ballistische Stretching geht mit unterschiedlichen Bedenken einher. Zunächst einmal werden hierbei die Muskeln und Gelenke in die Streckung hineingezwungen. Daher besteht ein gewisses Risiko für Muskelrisse sowie Schäden an Bändern und Sehnen. Die meisten Muskelrisse und -verletzungen passieren unter vergleichbaren Bedingungen: Man geht zum leichten Jogging nach draußen und rutscht in einer Kurve aus. Die ruckartige Bewegung führt dann dazu, dass Muskelfasern an der Oberschenkelvorder- oder -rückseite reißen.

Zweitens wird das ballistische Stretching fast immer ganz am Anfang des Workouts eingesetzt, wenn die Muskulatur noch kalt und nicht ausreichend mit Blut versorgt ist. Das wäre so, als würde man ein Gummiband aus dem Gefrierfach nehmen und ruckartig daran reißen. Das Risiko ist dann groß, dass das Band in zwei Teile zerreißt oder zumindest an den Schwachstellen mehrere Risse auftreten. Aus diesem Grund ist allen Sportlern vom ballistischen Stretching abzuraten, die nicht unbedingt auf Eliteniveau trainieren und diese Dehnungsform unter Aufsicht eines qualifizierten Trainers erlernt haben.

Dynamisches Stretching

Im Gegensatz zur statischen Ausführung ist die dynamische Variante vor jedem Workout nur wärmstens zu empfehlen. Das dynamische Dehnen bedeutet, dass die Gelenke und Muskeln durch Muskelkraft und Schwung über das verfügbare Bewegungsausmaß hinweg bewegt werden.

Die Positionen werden nicht gehalten. Der Körper ist vielmehr in ständiger Bewegung. Der Unterschied ist, dass diese dynamische Art des Dehnens den Körper äußerst effektiv auf die anstehende Aktivität vorbereitet. Und es gibt noch weitere Vorteile:

» Erhöhte Muskelkraft und -dynamik
» Verbessertes Längen-Spannungs-Verhältnis der Muskulatur
» Erhöhtes Bewegungsausmaß

» Niedrigeres Verletzungsrisiko

» Optimierte Muskelaktivierung

» Verbesserter Bluttransport zur Muskulatur

Die Sportler und Trainer in aller Welt loben das dynamische Stretching wegen seiner nicht von der Hand zu weisenden leistungssteigernden Wirkung. Die Tage, an denen sich Profifußballer nach dem Warmlaufen vor dem Spiel im Kreis zusammen auf der Stelle dehnten, sind gezählt. Stattdessen sieht man nun die Sportler auf und ab traben, während sie die Beine abwechselnd nach oben zu den gestreckten Händen schwingen, anfersen, Seitschritte und Ausfallschritte aus dem Lauf machen sowie die Beine überkreuzen und dabei den Oberkörper mitdrehen. All das sind Beispiele für dynamische Dehnungsübungen. Und sie alle funktionieren. Während die statische Version des Stretchings die Muskulatur buchstäblich einschläfert, optimiert die dynamische Methode die Muskelreaktion, während sie den Bluttransport zur Muskulatur steigert.

Bei den in die Core-Programme in diesem Buch integrierten Dehnungsübungen handelt es sich durchgängig um dynamische Dehnungen. Sie stehen

TOMMY IN AKTION

Neben meinen dynamischen Dehnübungen habe ich einige spezifische Methoden, mit denen ich mich auf dem Rad für die intensive Anstrengung bereitmache. Wie das aussieht, hängt davon ab, ob eine Trainingsfahrt, ein Etappenrennen oder ein Zeitfahren vor mir liegt. Fürs Training wärme ich mich auf, in dem ich die ersten zehn bis 20 Minuten mit hoher Trittfrequenz und sehr leichtem Widerstand absolviere. Ich versuche, meine Leistungswerte auszublenden und auf meinen Körper zu hören. Am Ende bin ich bereit fürs harte Workout. Beim Etappenrennen sind die ersten ein bis zwei Kilometer dem Warm-up vorbehalten, bei dem die Sportler in Tritt kommen sollen. Der Führungswagen fährt dabei im langsamen Tempo voran durch die neutrale Zone. Am Ende der Zone kommt die rote Flagge und ein Schild mit der Information „0 km", das den eigentlichen Start des Rennens angibt. An diesem Punkt bin ich bereit, durchzustarten. Das Warm-up fürs Zeitfahren sieht wiederum anders aus: Ich trete 20 Minuten im lockeren Tempo auf einem Fahrradtrainer, gefolgt von einigen harten Temposteigerungen, um in Schwung zu kommen. Im Anschluss trete ich wieder einige Zeit lang locker weiter. Insgesamt verbringe ich vielleicht eine Stunde auf dem Trainer, wenn es nachher ans Zeitfahren geht.

am Beginn des jeweiligen Programms, um die Muskulatur auf ein erfolgreiches Core-Workout einzustimmen. Wie bei nützlichen Übungen oft der Fall sind sie jedoch nicht gerade einfach ins Programm mit einzuflechten. Nach deiner ersten Einheit wirst du unter Umständen sogar leichte Schmerzen haben, etwas davon genervt und ziemlich überrascht sein, wie unbeweglich du bist. Lass dich davon aber nicht abschrecken. Denk daran, wie viele 15-prozentige Steigung du hinter dich bringen musstest, bevor du nicht mehr das Gefühl hattest, dich nach der Ankunft am Gipfel übergeben zu müssen.

Das Stretching sollte ein genauso fester Bestandteil des Trainings werden wie das Aufpumpen der Reifen. Genauso, wie du nicht einfach für eine dreistündige Fahrt auf den Sattel steigen würdest, ohne vorher den Luftdruck zu prüfen, solltest du dir niemals selbst Steine in den Weg legen, indem du das Stretching vor dem Workout weglässt. Es ist sowohl gefährlich als auch hinderlich, mit zu wenig Luft in den Reifen zu starten. Dasselbe gilt, wenn du mit einer einer kalten Muskulatur einfach drauflosfährst. Du musst nur den inneren Schweinehund überwunden haben und dich damit abfinden, dass die Erfolge durchs Stretching nicht von heute auf morgen kommen. Wenn du deine Reifen mit Luft füllst, bemerkst du eine direkte und spürbare Verbesserung, was dein Tempo und die Fahrradbeherrschung betrifft. Beim Stretching hingegen braucht es einen langen Atem und Trainingsfleiß, um in den Genuss der Vorteile zu kommen. Dein Ziel muss sein, das erste große Hindernis zu überwinden, indem du das dynamische Dehnen fest in dein Training integrierst. Die nachfolgenden Übungen wurden genau zu diesem Zweck speziell für den Radsport zusammengestellt.

Dynamische Dehnübungen

Obwohl die Core-Programme in diesem Buch ziemlich kurz und knapp gehalten sind, musst du dennoch deine Muskulatur durch dynamisches Stretching richtig aufwärmen, bevor du dich an die Stärkung der Core-Muskulatur heranwagst. Die hier gezeigten dynamischen Dehnübungen nehmen die Muskulatur ins Visier, die bei Radfahrern für gewöhnlich die größten Verspannungen aufweist: die Oberschenkelrückseite, den unteren Rücken, das IT-Band, den Brustkorb sowie die Schulterpartie. Neben der Streckung verkrampfter und in ihrer Bewegung eingeschränkter Muskeln helfen diese Dehnübungen dabei, schlaffe Gesäß- und untere Bauchmuskeln zu aktivieren. Die Hinführung zum Core-Programm mittels einiger dynamischer Dehnübungen erleichtert dem Körper die technisch saubere Ausführung der anstehenden Kräftigungsübungen. So trainierst du dir schneller die erwünschte Core-Muskulatur an.

Das Stretching wird gern übereilt und unmotiviert abgespult. Mach nicht den Fehler, in dieses weitverbreitete gleichgültige Verhaltensmuster zu verfallen. Denk daran, dass der Sinn des dynamischen Stretchings darin besteht, die Muskulatur wachzurütteln und auf die Arbeit vorzubereiten. Wenn du beim Warm-up träumst, versäumst du es, das Potenzial der Übungen optimal auszuschöpfen. Achte auf die Zielmuskulatur der einzelnen Bewegungen und konzentriere dich darauf, die betreffenden Bereiche zu strecken und aktiv werden zu lassen. Lass alle anderen Gedanken außen vor und nimm dir vor, alle Abläufe sauber und vollständig auszuführen.

Nutzt du diese Dehnung zum Warm-up vor den Core-Einheiten in den Kapiteln 6 bis 8, solltest dich außerdem unbedingt an die Rhythmusvorgaben halten, die in den Core-Übungstabellen für die einzelnen dynamischen Dehnübungen angegeben sind. Der Rhythmus beschreibt das empfohlene Tempo, mit dem eine Übung ausgeführt werden sollte. Eine vollständige Erklärung findest du im entsprechenden Abschnitt, der auf Seite 90 des nächsten Kapitels beginnt.

STRECKUNG VON OBERSCHENKELVORDER- UND -RÜCKSEITE (VOM KNIESTAND IN DEN SITZ)

ZIEL > Erhöhte Muskelaktivität in Hüfte und Beinen. Auflösen chronischer Verspannungen in der Zielmuskulatur.

Den rechten Fuß nach vorne stellen, um in den Ausfallschritt zu kommen. Das linke Knie auf den Boden setzen Ⓐ. Das rechte Knie sollte um 90 Grad angewinkelt sein. Auf die saubere Haltung des Oberkörpers achten: Die Ohren befinden sich oberhalb der Schultern, die wiederum auf die Hüfte ausgerichtet sind. Das Steißbein nach unten sinken lassen. Die Schulterblätter etwas zusammenziehen, den Brustkorb öffnen und leicht anheben.

Die rechte Hand rechts neben dem Körper entspannt nach unten hängen lassen und die Hüfte sanft nach vorne schieben, bis an der Vorderseite des linken Beins eine tief gehende Dehnung spürbar wird.

Die linke Hand neben dem Körper auf den Boden setzen, um zur Dehnung der Oberschenkelrückseite überzugehen.

Den Hintern langsam zur linken Ferse sinken lassen. Dabei das rechte Bein ausstrecken. Die Ferse des rechten Beins so auf den Boden setzen, dass die Zehen nach oben weisen.

Beim Absetzen beide Hände zum Boden führen Ⓑ. Bei Verspannungen in der Oberschenkelrückseite das rechte Knie etwas gebeugt lassen. Das langfristige Ziel besteht darin, das rechte Bein so gut es geht durchzustrecken.

Wenn du mit dem rechten Bein an deiner Grenze angelangt bist, langsam wieder nach nach vorne in den Ausfallschritt zurückkehren. Die im Core-Programm angegebene Zahl an Wiederholungen (WH) absolvieren, dann die Seite wechseln und die Übung wiederholen.

ZIELMUSKULATUR

Quadrizeps,
Oberschenkelrückseite,
Gesäß, Waden

Ⓐ

Ⓑ

2 DEHNUNG DES UNTEREN RÜCKENS IM TÜRRAHMEN

ZIEL > Erhöhung des Bewegungsausmaßes im unteren Rücken. Auflösung chronischer Verspannungen in der Zielmuskulatur.

Mit den Händen an einem Türrahmen (oder einer sehr festen Stange) festhalten. Dafür die linke Hand auf Brusthöhe auf den Rahmen setzen. Die Handfläche weist dabei von Körper weg. Nun die rechte Hand 30 Zentimeter unterhalb der linken auf den Rahmen setzen. Den Rest des Körpers mit hüftbreit voneinander entfernten Füßen parallel zur Tür halten.

Mit den Füßen fest im Boden verwurzeln und vorsichtig die Hüfte nach hinten schieben, als wolltest du das Steißbein möglichst weit von den Händen weg bewegen. Während du das Steißbein nach hinten herausschiebst, in die Knie gehen, um in die Position Ⓐ zu kommen.

Ausgehend von dieser Position die Hände am Türrahmen entlang immer um jeweils fünf Zen-

timeter weiter nach oben wandern lassen, bis die maximale Reichweite erreicht ist, die unter Beibehaltung der Kniebeuge möglich ist Ⓑ.

Anschließend die Hände schrittweise wieder nach unten zurück in die Startposition setzen. Mit der Abwärtsbewegung fortfahren, um am Türrahmen möglichst weit nach unten zu kommen. Achte darauf, die ganze Zeit über in der Kniebeuge zu bleiben Ⓒ, Ⓓ.

Mit den Auf- und Abwärtsbewegungen über die angegebene WH-Zahl hinweg fortfahren. Dann auf die andere Seite des Türrahmens stellen und die Übung mit der rechten über der linken Hand wiederholen.

ZIELMUSKULATUR

Unterer Rücken,
schräge BM

3 ▷ BRUSTSTRECKUNG AN DER WAND

ZIEL > Korrektur des für Radfahrer typischen Rundrückens. Öffnung des Brustraums.

Den Körper mit der linken Seite zur Wand drehen, sodass die gesamte linke Flanke etwa 10 Zentimeter von der Mauer entfernt ist. Nun den linken Arm auf Schulterhöhe gerade nach hinten strecken und die linke Handfläche auf die Wand setzen, ohne den Unterkörper zu bewegen oder den Oberkörper zur Wand zu verdrehen. Den rechten Arm auf Schulterhöhe nach vorne ausstrecken und die rechte Hand ebenfalls auf die Wand setzen. Beide Daumen sollten nach oben weisen A .

Jetzt vorsichtig die rechte Hand von der Mauer nehmen und auf Schulterhöhe so weit nach

rechts außen schwingen lassen wie möglich. Den Arm dabei gerade halten B .

Mit zunehmender Flexibilität in Brust und Schulterpartie wird es möglich, die rechte Hand jedes Mal weiter nach hinten zu führen C , bis sie irgendwann gar nicht mehr im peripheren Blickfeld auftaucht D . Wenn die Grenze erreicht ist, die rechte Hand wieder zurück zur Wand führen.

Die angegebene Anzahl an WH ausführen, dann die Seiten wechseln und die Übung auf der anderen Seite wiederholen.

ZIELMUSKULATUR

Schultern, Brust

4 MONDSICHEL IM TÜRRAHMEN

ZIEL > Auflösen chronischer Verspannungen im IT-Band. Erhöhtes seitliches Bewegungsausmaß in der Hüfte.

Geh im Türrahmen so in Position, dass die linke Körperseite etwa 15 Zentimeter vom Rahmen entfernt ist. Den linken Fuß vor dem rechten verschränken und flach auf den Boden setzen. Die Knie dabei leicht beugen A.

Die linke Hand in Hüfthöhe auf den Türrahmen setzen. Jetzt langsam die rechte Hand nach oben und im Bogen über den Kopf führen B. Gleichzeitig die Hüfte vorsichtig nach rechts herausnehmen C, D. In der Endposition sollte der Körper eine Sichel bilden, wobei die rechte Hand oberhalb des Kopfes den Türrahmen berührt E. Am Ende in die Ausgangsposition zurückkehren und fortfahren, bis die angegebene Anzahl an WH ausgeführt ist.

Anschließend an der anderen Seite des Türrahmens in Position gehen, den rechten Fuß über den linken setzen und die Übung wiederholen.

Hierfür die linke Hand nach oben und über den Kopf führen.

ZIELMUSKULATUR

Schräge BM, Latissimus, Schultern, seitliche Hüftmuskeln

A B C D E

5 ▶ LIEGENDE 4

ZIEL > Auflösen chronischer Verspannungen im Lendenwirbelsäulen-Becken-Hüft-Raum.
Verbesserte Muskelaktivierung im Gesäß.

Mit dem Rücken auf eine Matte oder einen Teppich legen und beide Beine am Boden ausstrecken. Jetzt das rechte Bein beugen und das rechte Fußgelenk oberhalb des linken Knies auf den Oberschenkel legen (jedoch nicht auf die Kniescheibe) Ⓐ . Das linke Bein langsam beugen und hoch zum Brustkorb führen. Gleichzeitig das rechte Knie vorsichtig weiter nach rechts bewegen.

Anfangs versuchen, mit der linken Hand in die linke Kniekehle zu kommen, um das Bein etwas mehr heranzuziehen. Gleichzeitig mit der rechten Hand versuchen, das rechte Knie vorsichtig

vom Körper wegzudrücken Ⓑ . Du solltest das Gefühl haben, mit der linken Hand Zug und mit der rechten Druck auszuüben.

Am Ende das linke Bein wieder auf dem Boden ausgleiten lassen. Das rechte Fußgelenk jedoch in der Position oberhalb des linken Knies belassen. Das linke Knie erneut heranziehen und die Schub-/Zugbewegung mit den Händen wiederholen.

Die angegebene Anzahl an Wiederholungen auf dieser Seite durchführen, im Anschluss die Seiten wechseln.

ZIELMUSKULATUR

Unterer Rücken,
Gesäß, seitliche
Hüftmuskeln

Natürliche Produkte
AUS UNSEREM ONLINESHOP

BIO SCHWARZ-KÜMMELÖL

nativ, ungefiltert und naturrein. Da es nicht gefiltert wird, enthält es alle wertvollen Trüb- und Schwebstoffe der Schwarzkümmelsamen mit ihren Inhaltsstoffen.

500 ml, Best.-Nr. 25837

€ 16,90

OPC TRAUBENKERNEXTRAKT

Nahrungsergänzungsmittel mit Traubenkernextrakt aus französischen Weintrauben und Extraktion in Frankreich. Eine Kapsel enthält 400 mg Traubenkernextrakt, davon 190 mg OPC.

180 Kapseln, Best.-Nr. 25218 • **€ 19,50**

FRUCHTGUMMIS

Fruchtgummis mit Mission: VITAL Multivitamin Fruchtgummis von Unimedica läuten eine neue Ära ein! Die neue, innovative Form der Nahrungsergänzung: Vitamine und Mineralstoffe zum Naschen ohne Zucker. So nimmt man Vitalstoffe gerne ein!

Immun Holunder Zink*
40 Stück   Best.-Nr. 27966

Beauty Vitamine *
60 Stück   Best.-Nr.27993

Vital - Multivitamin*
60 Stück   Best.-Nr. 27994
                  • **€ 9,90**

Set- Fruchtgummi*
480g   Best.-Nr. 28243
                  • **€ 29,70**

OREGANO ÖL FORTE

Oregano Öl, 100 % natürlich rein, ohne Zusätze. Jede Flasche Oregano Öl von Unimedica enthält 10 ml ätherisches Oregano Öl. Dieser Oregano Extrakt ist sehr hoch konzentriert und mit 86% Carvocrol intensiver als viele anderen Produkte.

10 ml Best.-Nr. 25778 • **€ 16,90**

Unsere BESTSELLER

Propolis 30% Tinktur 50 ml
Best.-Nr. 25589 • € 19,90

Magnesium Öl 100 ml
Original Zechsteiner
Best.-Nr. 25552 • € 12,50

Magnesiumflocken 750 g
Original Zechsteiner
Best.-Nr. 26094 • € 12,90

Bio Jojobaöl 50 ml
Best.-Nr. 25838 • € 10,90
Bio Arganöl 50 ml
Best.-Nr. 25839 • € 10,90

Bio Rizinusöl 200 ml
Best.-Nr. 26220 • € 19,50

BIO SUPERFOODS

Matcha Pulver Bio
100 g, Best.-Nr. 25766 • € 16,–
Rote Beete Pulver Bio
500 g, Best.-Nr. 25759 • € 17,–
Hagebuttenpulver Bio
500 g, Best.-Nr. 25845 • € 11,90
Curcuma Pulver Bio
500 g, Best.-Nr. 25851 • € 9,90
Chiasamen Bio
500 g, Best.-Nr. 25756 • € 6,90
Hanfsamen Bio
500 g, Best.-Nr. 25841 • € 8,90
Kakao Nibs Bio
300 g, Best.-Nr. 25761 • € 9,50

* IN BIO-QUALITÄT

UNIMEDICA

BIO Ashwagandha 600 mg
Wird seit jeher in der ayurvedischen Naturheilkunde aufgrund seiner vielfältigen Eigenschaften sehr geschätzt.
180 Kapseln, Best.-Nr. 25637 • € 16,50

Camu-Camu-Extrakt 500 mg
Hochdosiertes natürliches Vitamin C.
120 Kapseln, Best.-Nr. 24911 • € 13,50

Acerola-Extrakt 494 mg
Hochdosiertes natürliches Vitamin C.
180 Kapseln, Best.-Nr. 24912 • € 19,50

Vitamin B12-Lutschtabletten
Für ein funktionierendes Nerven- und Immunsystem.
100 Tabletten, Best.-Nr. 24913 • € 14,90

L-Arginin 620 mg
Hochdosiertes rein pflanzliches L-Arginin.
365 Kapseln, Best.-Nr. 24944 • € 18,50

Bio-Grapefruit-Extrakt
Hochkonzentriertes Bio-Grapefruit-Extrakt.
100 ml, Best.-Nr. 24945 • € 19,70

Magnesium forte 667 mg
Nahrungsergänzungsmittel mit 400 mg elementares Magnesium
365 Kapseln, Best.-Nr. 25219 • € 17,50

Veganes Vitamin D3
30 ml
Best.-Nr. 26320
€ 22,50

Vitamin-D3-Tropfen
50 ml,
Best.-Nr. 24904
€ 12,99

Vitamin-D3/K2-Tropfen
50 ml, Best.-Nr. 24905
€ 18,90

Hyaluronsäure Kapseln
90 Kapseln,
Best.-Nr. 24906
• € 14,50

Schwarzkümmelöl-Kapseln 500 mg
400 Kapseln, Best.-Nr. 24951
€ 19,80

MCT-Öl C8+C10 gefiltert
500 ml, Best.-Nr. 25179 • € 15,99

Bio Hanföl *
250 ml,
Best.-Nr. 24952
€ 8,50

Bio Kokosöl

nativ *
1000 ml,
Best.-Nr. 24954
€ 12,90

* IN BIO-QUALITÄT

Weitere Bücher für ein natürlich gesundes Leben
VON UNIMEDICA

Michael Greger / Gene Stone

HOW NOT TO DIE

Entdecken Sie Nahrungsmittel, die Ihr Leben verlängern - und bewiesenermaßen Krankheiten vorbeugen und heilen.
512 Seiten, geb., Best.-Nr. 20587 • **€ 24,80**

Michael Greger / Gene Stone

DAS HOW NOT TO DIE KOCHBUCH

Über 100 Rezepte, die Krankheiten vorbeugen und heilen.
272 Seiten, geb., Best.-Nr. 22997 • **€ 29,–**

Dr. Gabor Maté

WENN DER KÖRPER NEIN SAGT

Wie chronischer Stress krank macht und was Sie dagegen tun können.
328 Seiten, kart., Best.-Nr. 25537 • **€ 24,80**

Shawn Achor

DAS HAPPINESS-PRINZIP

Wie Sie mit 7 Bausteinen der Positiven Psychologie erfolgreicher und leistungsfähiger werden
318 Seiten, kart., Best.-Nr. 25290 • **€ 19,80**

Dr. Judy Mikovits / Kent Heckenlively

DIE PEST DER KORRUPTION

Wie die Wissenschaft unser Vertrauen zurückgewinnen kann.
Mit einem Vorwort von Robert F. Kennedy, Jr.
282 Seiten, geb., Best.-Nr. 25855 • **€ 19,80**

Andreas Moritz

DIE WUNDERSAME LEBER- UND GALLENBLASENREINIGUNG

Ein kraftvolles, selbst durchführbares ' Verfahren für mehr Gesundheit und Vitalität
496 Seiten, kart., Best.-Nr. 17048 • **€ 22,90**

Direkt bestellen bei: www.narayana-verlag.de

In unserem Onlineshop führen wir ein großes Sortiment an Büchern über gesunde Lebensführung, Naturkost-Produkte, Superfoods und vieles mehr.

Online finden Sie ausführliche Informationen zu den einzelnen Titeln sowie aussagekräftige Leseproben.

© Narayana Verlag GmbH 2019. Unimedica ist ein Imprint des Narayana Verlags.

Bestellhotline:
0049 (0) 76 26 97 49 70-0
Täglich 7.30 bis 21.00 Uhr,
auch am Wochenende
Narayana Verlag GmbH,
Blumenplatz 2, D-79400 Kandern
info@narayana-verlag.de

Versandkosten: Innerhalb Deutschlands ist Versand von Büchern portofrei, für andere Produkte ist Versand für alle Produkte portofrei. Österreich, Schweiz: Ab Auftragswert von € 60,– ist Versand portofrei.

Geschäftsführer: Dr. Herbert und Katrin Sigwart, HR: Amtsgericht Freiburg, HRB 413609, Redaktioneller Inhalt: Dr. Katrin Sigwart. Preisänderungen oder Irrtümer sind vorbehalten.

KAPITEL 5

Erste Schritte

Du kennst jetzt die wissenschaftlichen Hintergründe für eine starke und effektive Core-Muskulatur, die wir dir in Teil 1 nähergebracht haben. Jetzt geht es an die Praxis. Die Versuchung ist groß, einfach alle Core-Übungen einmal anzutesten und zu sehen, was dabei herauskommt. Schnellere und greifbarere Resultate bietet aber ein strukturierter und progressiver Aufbau des Core-Programms. Die in den folgenden drei Kapiteln skizzierten Programme zeigen dir, wie du das Training zur Stärkung des Core logisch, sicher, und effektiv eingehst.

Die Programme wurden in die drei Niveaustufen 1, 2 und 3 unterteilt. Jede Stufe umfasst fünf Einheiten, die das Hauptaugenmerk auf die folgenden Bereiche richten:

1. Verletzungsprävention/Reha
2. Haltungskorrekturen
3. Stabilität und Beherrschung des Fahrrads
4. Ausdauer
5. Tommy Ds Training zur Leistungsoptimierung

Jeder Ablauf beginnt mit einem 3-minütigen dynamischen Warm-up. Danach folgen vier bis sechs Übungen. Die meisten der Workouts nehmen nur 15 Minuten in Anspruch, mit Ausnahme des Ausdauer-Workouts, das

25 Minuten lang dauert. Du brauchst dafür keinerlei Equipment. Du hast also auch keine Ausreden, um dein Core-Workout zu versäumen. Alles, was du brauchst, ist eine freie Fläche mit einem Teppich oder einer Yoga-Matte. Danach kann es schon losgehen!

Auswahl der Stufe und des Programms

Gut, lieber Pedaljunky. Zunächst einmal gilt es, das eigene Ego vor der Tür zu lassen. Du kannst 30 Minuten lang eine 15-prozentige Steigung hochjagen, ohne mit der Wimper zu zucken? Schön und gut. Das heißt aber noch lange nicht, dass du gleich vom Start weg mit dem Core-Programm der Stufe 3 loslegen kannst. Wenn du ein Programm wählst, das für dein aktuelles Kraftniveau zu anspruchsvoll ist, führt das nur zu Frustrationen, Peinlichkeiten und möglicherweise sogar Verletzungen. Selbst die besten Radler der Welt müssen mit den Basics anfangen, wenn sie sich ans Abenteuer Core-Training heranwagen. Und du bist da keine Ausnahme.

TABELLE 5.1 ANFORDERUNGEN FÜR DIE CORE-PROGRAMME

STUFE 1	STUFE 2	STUFE 3
Du hast wenig bis keine Erfahrung mit dem Kraftaufbautraining für den Core.	Du hast mindestens vier Wochen lang regelmäßig Kraftaufbau für den Core betrieben.	Du hast mindestens acht Wochen lang regelmäßig Kraftaufbau für den Core betrieben.
Du schaffst es, bis zu 20 Sekunden lang mit sauberer Technik im Unterarmstütz zu bleiben (siehe S. 124).	Du schaffst es, 20 bis 30 Sekunden lang mit sauberer Technik im Unterarmstütz zu bleiben.	Du schaffst es, länger als 30 Sekunden lang mit sauberer Technik im Unterarmstütz zu bleiben.
Es fällt dir schwer, deine Schulterblätter zusammenzupressen.	Du kannst deine Schulterblätter zusammenpressen und fünf Sekunden lang die Spannung halten.	Du kannst deine Schulterblätter zusammenpressen und mehr als zehn Sekunden lang die Spannung halten.

TOMMY IN AKTION Manchmal gehe ich zum Core-Training auch gern ins Fitnesscenter, um dort etwas mit dem Equipment herumzuspielen.

In der Regel brauche ich aber ein Programm, das ich überall und jederzeit absolvieren kann – vor allem dann, wenn ich auf Tour bin. Deswegen gefällt mir der Aufbau von Allisons Programmen so. Sie berücksichtigt dabei immer, dass ich gerade mit dem Rad irgendwo auf der Welt unterwegs bin. Das Letzte, was ich dabei brauche, ist noch mehr Equipment, das ich mit mir herumschleppen muss!

Um genau zu bestimmen, welcher Startpunkt für dich der beste ist, sieh dir die Anforderungen der einzelnen Stufen in Tabelle 5.1 an. Um für eine Stufe geeignet zu sein, musst du mindestens zwei ihrer Anforderungen erfüllen.

Wenn das Einstiegsniveau einmal festgelegt ist, geht es an die Auswahl des Workouts. Sinnvoll ist natürlich, mit dem jeweils ersten Workout der ermittelten Stufe (1, 2 oder 3) anzufangen und bis zum Workout 5 die Workouts nacheinander zu durchlaufen. Am einfachsten ist es, in der Saisonpause ganz einfach auf Stufe 1 mit Workout 1 zu starten und sämtliche Übungen bis zum Workout 5 der Stufe 3 durchzumachen (Tommy Ds Training zur Leistungsoptimierung). Dieses Niveau sollte dann erreicht sein, wenn du dich auch am Höhepunkt deines Radtrainings befindest, beziehungsweise wenn die Rennsaison startet. Allerdings kann es sein, dass diese Strukturierung nicht möglich oder für deine spezifischen Ziele nicht geeignet ist.

Liegen bei dir derzeit keine Verletzungen oder Bedenken wegen möglicher Verletzungen durch Überlastung vor, versuch den Einstieg mit Workout 2 (Haltungskorrekturen) auf der gewählten Niveaustufe. Lass dich nicht dazu hinreißen, das Workout 2 auszulassen und mit einem attraktiveren Workout zu beginnen, wenn du nicht zu hundertprozentig sicher bist, dass deine Haltung top in Schuss ist. Wenn du nicht genau weißt, wie es um deine Körperhaltung bestellt ist, lies auf Seite 70 nach. Dort findest du einen Leitfaden, um etwaige Fehlstellungen zu identifizieren. Unabhängig von der Art oder Menge deiner derzeitigen Haltungsfehler hilft dir das Workout 2 auf sämtlichen Niveaustufen bei der Haltungskorrektur.

Falls bei dir tatsächlich keinerlei Fehlhaltungen vorliegen sollten, kannst du auch mit Workout 3, 4 oder 5 loslegen. Sieh dir die Ziele an, die bei jedem Workout mit angegeben sind, um zu entscheiden, welches Programm deiner Zielsetzung entspricht.

Umstieg auf die nächste Stufe oder aufs nächste Programm

Wie viel Zeit ein Sportler mit den jeweiligen Niveaustufen und den einzelnen Workout-Programmen verbringt, ist sehr individuell und auch von den aktuellen Zielen abhängig. Als gute Faustregel empfehlen wir jedoch mindestens vier Wochen pro Workout, bevor es mit der nächsten Etappe weitergeht. Der Zeitpunkt, auf ein neues Workout umzusteigen, ist gekommen, wenn dir die Übungen von Mal zu Mal leichter fallen. Und wenn du das Gefühl hast, dass dir die Übungen bereits so vertraut sind, dass du sie fast automatisch absolvierst.

In bestimmten Fällen, wie etwa großen Problemen mit der Haltung, ist es auch möglich, ein und denselben Workouttyp (im Falle der Haltung Workout 2) über alle Niveaustufen hinweg zu durchlaufen. Fang dafür einfach mit Workout 2 auf Stufe 1 an und behalte das Programm mindestens vier Wochen lang bei (oder so lange, bis die Übungen einfacher werden). Mach dann mit Workout 2 auf Stufe 2 weiter.

Die Übungsvariablen wie Sätze, Wiederholungen (WH), der Rhythmus und die Pausen sind so gestaltet, dass jede Stufe anspruchsvoller ist als die vorherige. Von Stufe zu Stufe steigt die Komplexität der Übungen ebenso an wie die Gesamtzahl der Sätze und Wiederholungen. Während das Arbeitsvolumen steigt, sinkt die Dauer der Pausen. Dadurch wird die Core-Muskulatur gleichzeitig stärker und ausdauernder. Das letztendliche Ziel beim Radfahren ist schließlich, so lang wie möglich so viel Kraft wie möglich zu entwickeln. Diese Workouts helfen dir, dieses Ziel zu erreichen.

Trainierst du nicht über eine bestimmte Dauer auf eine spezifische Vorgabe hin, solltest du die Niveaustufe beibehalten, aber die Workouts durchwechseln. So ist beispielsweise denkbar, mit Workout 1 auf Stufe 2 anzufangen, um etwas gegen Rückenschmerzen zu tun. Wenn die Schmerzen nachgelassen haben oder verschwunden sind, kannst du mit einem anderen Workout der Stufe 2 wei-

TOMMY IN AKTION Einer der tröstlichen Aspekte des Profidaseins ist: Ganz gleich, wie gut du in deiner Disziplin bist – jeder, gegen den du kämpfst, macht vergleichbare Schmerzen durch wie du selbst. Wenn ich auf der Schmerzskala neun von zehn Punkten erreiche, weiß ich, dass die meisten meiner Kontrahenten genauso zu kämpfen haben wie ich. Das Schmerzempfinden verändert sich nicht, unabhängig von der Fitnessstufe oder der Erfahrung. Das heißt, dass jeder Leser und Sportler dieselben harten Zeiten durchmachen wird wie ich. Was ich damit sagen will: Niemand sollte Angst davor haben, etwas Neues auszuprobieren (wie etwa diese Core-Workouts), nur weil das Vorhaben eine Herausforderung mit Frustrationspotenzial darstellt. Jeden Tag, an dem du etwas für deine Fitness tust, ist wie ein Geschenk. Arbeite also nicht gegen die Schmerzen, sondern mit ihnen! Und jetzt wünsche ich dir viel Spaß bei deinem Core-Programm. Und keine Angst vor der bösen Neun auf der Schmerzskala!

termachen. Es ist sehr wichtig, auch beim Wechsel von Workouts innerhalb einer Stufe zu bleiben. Ein zu schneller Sprung auf die nächste Niveaustufe kann Verletzungen nach sich ziehen. Behalte außerdem auch immer die Anforderungen für die Core-Programme auf dem Schirm (siehe Tabelle 5.1 auf Seite 90). Auf deren Grundlage kannst du entscheiden, ob du schon bereit für die nächste Stufe bist.

Mehrere Fitnessziele auf einmal

Du weißt nicht genau, für welches Workout du dich entscheiden sollst, weil du dich gleichzeitig um deine Haltung, Stabilität und Leistung kümmern willst? Dann habe ich gute Neuigkeiten für dich: Dieses Programm macht es möglich. Das Training ist so aufgebaut, dass alle Facetten abgedeckt werden, welche die Kraft und die Fitness der Core-Muskulatur betreffen. So zielt beispielsweise das Workout 1 auf Stufe 1 darauf ab, Beschwerden und Schmerzen zu verhindern oder zu reduzieren. Ebenso fördert es aber die Kraft des gesamten Core, wovon dann deine Leistungen auf dem Rad profitieren. Das ist fast wie mit der Schaltung: Du kannst natürlich die ganze Zeit auf einem Gang fahren. Bei Bedarf kannst du aber auch jederzeit auf benachbarte Gänge des hinteren Zahnkranzpakets wechseln.

Falls keines der Beispiel-Workouts für deine Bedürfnisse geeignet zu sein scheint, kannst du dir natürlich auch selbst ein Workout zusammenstellen. Eine weitere Möglichkeit wäre, sich dabei durch einen qualifizierten Coach oder Trainer helfen zu lassen. Bei Erstellung eines individuellen Workouts musst du allerdings im Hinterkopf behalten, dass die Übungsvariablen einen großen Einfluss auf das Ergebnis deines Workouts haben. Eine genauere Erklärung dieser Stellschrauben findest du im folgenden Abschnitt. Lies den folgenden Teil aufmerksam durch, um eine bessere Vorstellung von der Auswahl der Übungen, Wiederholungszahlen (kurz WH), dem Trainingsrhythmus und den Pausen zu haben. All das will nämlich bei einem individuellen Programm berücksichtigt werden.

Du weißt, dass du eine schlechte Haltung hast, willst beim Training aber auch an deiner Leistung feilen? Dann versuch es mit Tommy Ds Training zur Leistungsoptimierung und erweitere das Programm um einige zusätzliche Übungen aus dem Haltungs-Workout. Im Grunde genommen ist alles nur eine Frage der Zeit und des Engagements, die du zu investieren bereit bist, um deine verschiedenen Ziele zu erreichen.

Erklärung der Begriffe

Jedes Workout beinhaltet sieben Spalten wie in Tabelle 5.2 zu sehen.

TABELLE 5.2 ÜBERSCHRIFTEN DER WORKOUTS

TYP	ÜBUNG	ZIELMUSKULATUR	SÄTZE	WH	RHYTHMUS	PAUSE

Typ: Die erste Spalte verrät dir, in welchem Workout-Teil du dich gerade befindest. Die Programme sind in dieser Hinsicht ziemlich unkompliziert. Es gibt nämlich nur zwei unterschiedliche Phasen: das dynamische Warm-up und das eigentliche Workout.

Übung: In der zweiten Spalte findest du die Bezeichnung der betreffenden Übung. Die Beschreibung der Übungen folgt direkt auf die Workout-Listen. Du findest dort schriftliche Anweisungen und Bilder, auf denen dir Tommy D die Ausführung zeigt.

Zielmuskulatur: Diese Spalte listet die Muskeln und Körperbereiche auf, die durch die betreffende Übung am meisten beansprucht werden. Bei der Core-Muskulatur handelt es sich um ein komplexes zusammenhängendes System. Daher ist es fast unmöglich, einzelne Muskelgruppen isoliert zu trainieren, ohne benachbarte Muskeln mit zu beanspruchen. Anstatt alle beteiligten Agonisten, Synergisten und Antagonisten einzeln aufzuführen, haben wir uns auf die primär anvisierte Muskulatur beschränkt. So hast du eine bessere Übersicht bei der Zusammenstellung deines Programms, wenn du dir nur bestimmte Übungen herauspicken willst. Diese Spalte hilft dir auch bei der Auswahl von Workouts, die sich auf bestimmte Muskelgruppen konzentrieren.

Sätze und WH: Die vierte und fünfte Spalte geben die Zahl der Sätze und Wiederholungen an, die insgesamt zu absolvieren sind. Ein Satz besteht aus mehreren Wiederholungen (WH) und sollte immer in einem Stück ohne Pause durchgezogen werden. Workout 2 auf Stufe 1 beinhaltet beispielsweise zwei Sätze zu 15 WH des Skydivers. Die Pause zwischen den Sätzen beträgt 30 Sekunden. Du führst also 15 vollständige Wiederholungen der Übung aus, ruhst dich dann 30 Sekunden lang aus und schließt daran weitere 15 Wiederholungen an. Beachte bitte, dass für manche Übungen wie den Unterarmstütz nur ein Satz angegeben ist. Die Sätze dieser Übungen ziehen sich über eine bestimmte Zeitspanne, über die eine Position gehalten wird. Den Unterarmstütz führst du beispielsweise fünf Sekunden lang aus, bevor du fünf Sekunden lang pausierst, um im Anschluss weitere fünf Sekunden lang in den Unterarmstütz zu gehen usw.

Rhythmus: Diese Angabe verrät dir, wie schnell du eine bestimmte Übung ausführen sollst. Der Rhythmus ein ganz wesentlicher Aspekt zur Entwicklung einer guten Core-Muskulatur, der aber oft vernachlässigt wird. Bei zu schneller Ausführung einer Übung werden unter Umständen nicht die richtigen Muskeln beansprucht. So können sich Probleme wie ein Muskelungleichgewicht oder ein Haltungsproblem verfestigen, obwohl sie eigentlich behoben werden sollen.

Das perfekte Beispiel ist der einfache Crunch. Immer wieder hört man Leute damit angeben, dass sie 500 Crunches pro Tag schaffen. Dabei ist so sicher wie das Amen in der Kirche, dass derjenige die Wiederholungen in Lichtgeschwindigkeit ohne Rücksicht auf die Technik runterreißt. Müsste der Betreffende 20 Crunches in einem Rhythmus von drei Sekunden zum Anheben und drei Sekunden zum Absenken absolvieren, würde er schon bei der zehnten Wiederholungen zu zittern anfangen. Warum? Weil er dann tatsächlich auch die gerade Bauchmuskulatur einsetzen müsste, um den Oberkörper zu bewegen, anstatt einfach nur den Rumpf mit Schwung nach oben zu katapultieren. Wird ein Crunch zu schnell ausgeführt, steigt außerdem das Risiko, das der Sportler das Kinn nach vorn schiebt. Dabei spannt sich die Muskulatur auf der Halsvorderseite an, was die übertriebene Vorwärtswölbung der Halswirbelsäule verstärkt.

Die meisten der Zahlen in der Rhythmusspalte sehen wie Brüche aus (2/2 oder 3/3). Diese Zahlen stehen für die Dauer der konzentrischen und exzentrischen Phase einer Wiederholung. Die konzentrische Kontraktion beschreibt den Teil der Bewegung, in dem sich die Muskelfasern verkürzen, um Kraft zu erzeugen. Das ist etwa der Fall, wenn du deinen Rucksack mit dem Rad-Equipment aufhebst. Bein Anheben packst du die Tasche am Griff oder am Band und führst mehr oder weniger einen Bizeps-Curl aus, um sie hoch zum Körper zu führen. Durch das Anspannen (die konzentrische Kontraktion) stellt der Bizeps genug Kraft bereit, um die Tasche aufzuheben.

Stellst du die Tasche dann wieder am Boden ab, entspricht das dem exzentrischen Teil des Bizeps-Curls. „Exzentrisch" hat in diesem Fall nichts mit deiner spleenigen Tante Traudel zu tun, die sich eine Eidechse als Haustier hält. Beim Krafttraining bezieht sich der Begriff vielmehr auf die Verlängerung eines Muskels. Die exzentrische Bizeps-Kontraktion ermöglicht es, ein Gewicht beim Absenken abzubremsen.

Die Fähigkeit zum dynamischen Abbremsen von Bewegungen optimiert nicht nur die Kraft der Core-Muskulatur. Sie ermöglicht dir auch, mehr Kraft auf die Pedale zu bringen. Die beste Demonstration hierfür ist die Rolle der geraden Bauchmuskulatur beim Radfahren. Wie in diesem Buch mehrmals erwähnt ist der Musculus rectus abdominis bei Radfahrern aufgrund der langen

Fahrstunden in der gekrümmten Position immer verspannt und verkürzt. Durch die konzentrische Kontraktion des Sixpacks wird die Wirbelsäule gebeugt und der Körper in die gekrümmte Haltung gebracht. Das entspricht mehr oder weniger einem Crunch. Genauso wichtig wie diese konzentrische Phase ist jedoch die exzentrische Leistungsfähigkeit des geraden Bauchmuskels für den Radfahrer. Hauptsächlich deshalb, weil sie der Streckung und Rotation der Wirbelsäule entgegenwirkt. Wenn du aus dem Sattel gehst oder über die Schulter in eine andere Richtung blickst, muss der Körper diese Aktionen ausführen können, ohne dass sich die Wirbelsäule zu schnell aufrichtet oder verwindet. Andernfalls drohen Bandscheibenschäden sowie Muskelrisse – ganz abgesehen von möglichen Stürzen.

Der Trainingsrhythmus hat weitreichende Konsequenzen. Spüre immer richtig in den Körper hinein. Fühlt sich eine Übung so leicht an, dass du sie den ganzen Tag lang durchhalten könntest, bewegst du dich wahrscheinlich zu schnell. Gut möglich, dass du in dem Fall nur mit Schwung arbeitest. Trainiere langsam und kontrolliert, atmet tief ein und aus und zähle die Zahl der Sekunden in der konzentrischen und exzentrischen Phase der Bewegung mit.

Pause: Diese Spalte enthält die veranschlagte Zeit für die Pausen zwischen den Wiederholungen. Beachte bitte, dass du zwischen den dynamischen Aufwärmübungen keine Pause brauchst.

Integration der Core-Workouts in den Tourenplan

In den ersten Zeilen der einzelnen Workouts sagen wir dir, wie oft du den betreffenden Ablauf pro Woche durchführen solltest. Die Core-Einheiten unterscheiden sich etwas von anderen Programmen zum Ganzkörper-Krafttraining. Du brauchst dafür nämlich keine zusätzlichen Gewichte und deshalb auch keine langen Pausen zwischen den Workouts. Außerdem handelt es sich bei der beanspruchten Muskulatur hauptsächlich um ausdauernde Muskelfasern des Typs 1. Diese kannst du häufiger trainieren, ohne ein Verletzungsrisiko einzugehen. Das bedeutet, dass auch zwei aufeinanderfolgende Trainingstage möglich sind.

TOMMY IN AKTION Für mich ist die beste Art zur Erhaltung einer starken Core-Muskulatur das Training am Morgen am Tag nach einer harten Etappe. Wenn ich nach einem Renntag aufwache, fühle ich mich manchmal ein bisschen träge, empfindlich und unkonzentriert. Mit einem kleinen Frühstück und Kaffee (viel Kaffee) im Magen ist eine Core-Einheit nach der Verdauungspause für mich eine effektive Art, mental wieder in die Spur zu kommen und die neuromuskulären Verbindungen aufzufrischen.

Dennoch ist es ratsam, nach zwei oder drei Trainingseinheiten an aufeinanderfolgenden Tagen einmal einen Tag Pause zu lassen.

An welchem Tag du dein Core-Programm absolvierst, liegt ganz bei dir. Wenn du weißt, dass du am Ende des Tages körperlich erschöpft bist, solltest du die Einheiten auf den Morgen legen. Dann sind Körper und Geist noch frisch. Denk daran, dass die saubere Ausführung und der richtige Rhythmus ganz entscheidend sind, um optimale Resultate zu erzielen. Plane also kein Core-Training zu Tageszeiten, an denen dein Energieniveau erfahrungsgemäß auf dem Tiefpunkt ist.

Die Einheiten sollten wenn möglich außerdem vor einer Radtour stattfinden. Viele der Übungen sind dazu da, die Muskelreaktion zu verbessern und wichtige Muskelgruppen in Schwung zu bringen, die etwas träge geworden sind. Absolvierst du deine Programme direkt vor deinen Fahrten, rüttelst du diese Muskeln wach. Du bist dann perfekt aufs Radfahren eingestimmt. Du wirst schnell feststellen, dass die Core-Einheit vor der Tour ein effektives leistungssteigerndes Warm-up darstellt.

KAPITEL 6

Workouts und Übungen Stufe 1

Die Workouts der Stufe 1 konzentrieren sich auf mehrere Kernpunkte. Die zwei vorherrschenden Ziele sind jedoch die Herstellung der motorischen Kontrolle im Core sowie die Aktivierung der Muskulatur, die durch schlechte Haltung, Verletzungen oder chronische Überlastung ausgefallen ist. Das mag nach einem anstrengenden und wenig aufregenden Plan klingen. Aber schließlich liest du dieses Buch nicht, um deinen Körper für die Badesaison in Bestform zu bekommen, sondern um ein starker und dynamischer Radfahrer zu werden. Jeder große Sportler wird dir bestätigen, dass es noch nie eine effektive Strategie war, sich nur auf seine Stärken zu konzentrieren und seine Schwächen zu vernachlässigen. Der Aufbau einer starken Core-Muskulatur erfordert Fleiß und Engagement, und die Einsteiger-Workouts der Stufe 1 sind die ersten Schritte in die richtige Richtung.

Die Workouts 1 und 2 legen großen Wert auf die Aktivierung der Muskeln der kinetischen Kette, die bei Radfahrern erfahrungsgemäß am schlechtesten ausgebildet ist: die quer verlaufende Bauchmuskulatur (BM), den unteren und mittleren Rücken sowie die Gesäßmuskulatur. Du sollst dabei lernen, dir dieser Muskeln bewusst zu werden und die Kontraktionen über Zeitspannen von fünf bis zehn Sekunden aufrechtzuerhalten. Diese Muskeln sind bei dir wahrscheinlich schon seit einiger Zeit inaktiv gewesen. Daher ist es wichtig, erst einmal mit einem bis zwei Sätzen zu beginnen und zwischen den Sätzen ausreichend lange Pausen einzulegen, um die technisch saubere Ausführung nicht zu gefährden. Eine der größten Ursachen für überlastungsbedingte Verletzungen ist eine schlechte Technik. Die Gefahr steigt drastisch an, wenn die Ermüdung zunimmt. Aus diesem Grund ist bei den Sätzen und Wiederholungen (WH) der ersten beiden Workouts Vorsicht geboten. Mehr ist hier nicht unbedingt besser. Folge den vorgegebenen Trainingsparametern, um in die Erfolgsspur zu kommen.

Im Workout 3 muss die Core-Muskulatur in der Bewegung aktiv werden, um den Körper zu stabilisieren – genau das, was sie auch im Sattel tun soll. Darüber hinaus wird bei diesem Workout das unglaublich wichtige Konzept der intramuskulären Koordination eingeführt. Das mag zunächst kompliziert klingen. Der Begriff bedeutet jedoch nichts weiter, als dass du bei deinen Übungen verschiedene Muskelgruppen miteinander koordinierst und gleichzeitig einsetzt. Du kannst dir das vorstellen wie bei einem gut abgestimmten Chor mit 20 Stimmen. Jede Stimme übernimmt eine andere Rolle, und alles zusammen ergibt ein harmonisches Ganzes. Was im Chor die Stimmen sind, das sind im Core die Muskeln.

Workout 4 ist dazu da, die Ausdauer der Core-Muskulatur weiterzuentwickeln. So erklärt sich auch die höhere Anzahl an Wiederholungen, wodurch die Workout-Dauer auf 25 Minuten steigt. Dies ist das längste Workout der Stufe 1. Du fragst dich, warum das so ist? Ganz einfach: Die Bauchmuskulatur besteht

TOMMY IN AKTION

Die Aktivierung der quer verlaufenden Bauchmuskulatur (BM) ist für mich die am wenigsten reizvolle Übung. Auf dem Rad kann ich meiner Kraft und meinen Fähigkeiten vertrauen. Ich weiß, dass ich damit über dem Durchschnitt liege. Aber bei der Aktivierung der quer verlaufenden BM fühle ich mich wirklich schwach und unprofessionell, vor allem im Vergleich zu Allison ... und im Vergleich zu den 90-Jährigen im Fitnesscenter, die Core-Programme abspulen, als würden sie das beruflich machen.

Was mir dagegen wirklich gefällt, ist die Dehnung des unteren Rückens im Türrahmen. Ich habe das Gefühl, dass diese sehr natürliche Bewegung effektiv sämtliche Muskeln dehnt, die ansonsten im Alltag und auch auf dem Rad vernachlässigt werden. Außerdem ist es ein tolles Stretching, das mich mental nicht so sehr fordert, wie das sonst oft auf dem Rad der Fall ist!

hauptsächlich aus ausdauernd Muskelfasern des Typs 1. Das bedeutet, nur durchs Ausdauertraining lassen sich dort optimale Ergebnisse erzielen. Workout 4 gibt dir die Gelegenheit, die Dauer der Muskelspannung bis zur Ermüdung zu verlängern. Gleichzeitig gleichst du damit das unterschwellige Kraftgefälle zwischen rechter und linker Körperhälfte aus. Bis auf eine Bewegung enthält das Workout 4 der Stufe 1 nur einseitige Übungen. So können sich die Muskelgruppen im Core auf beiden Seiten unabhängig voneinander entwickeln, ohne immer auf die Reserven der dominanteren Seite zurückzugreifen.

Beim Workout 5 der Stufe 1 handelt es sich um eine reichhaltige Übungsauswahl, welche für optimale Kraft, Power und Ausdauer sorgt. Wie beim Ausdauer-Workout absolvierst du auch hier drei Sätze von jeder Übung. Die Wiederholungszahl ist allerdings etwas reduziert (von 15 auf zwölf WH), während die Komplexität der Übungen zunimmt. Der Akzent liegt immer noch auf der chronisch schwachen und vernachlässigten Muskulatur der hinteren kinetischen Kette. Gleichzeitig wird die gesamte Core-Muskulatur gefordert.

STUFE 1, WORKOUT 1 — VERLETZUNGSPRÄVENTION/REHA

ZIEL > Reduzierung der Schmerzen, Erhöhung der neuromuskulären Effektivität, Behebung seit längerer Zeit bestehender Probleme mit dem Muskelgleichgewicht, welche Verletzungen hervorrufen.

TYP	ÜBUNG	ZIELMUSKULATUR	SÄTZE	WH	RHYTHMUS	PAUSE
DYNAMISCHES WARM-UP	Dehnung des unteren Rückens im Türrahmen (S. 85)	Unterer Rücken, schräge BM	1	3-mal nach oben und unten pro Seite	3/3	–
	Mondsichel im Türrahmen (S. 87)	Schräge BM, Latissimus, Schultern, seitliche Hüftmuskulatur	1	10 pro Seite	3/3	–
	Liegende 4 (S. 88)	Unterer Rücken, Gesäß, seitliche Hüftmuskulatur	1	10 pro Seite	2/2	–
WORKOUT	Arm-/Beinheben im Vierfüßler (S. 110)	Unterer Rücken, großer Gesäßmuskel	2	10 pro Seite	2/2	30 Sekunden
	Hüftheben mit Beinstreckung (S. 113)	Unterer Rücken, Oberschenkelrückseite, Gesäß	2	10 pro Bein	2/2	30 Sekunden
	Aktivierung der quer verlaufenden BM (S. 116)	Quer verlaufende BM	1	5	5 Sekunden halten	5 Sekunden zwischen den WH
	Steißbeinstreckung (S. 117)	Quer verlaufende BM	1	5	5 Sekunden halten	5 Sekunden zwischen den WH

HÄUFIGKEIT > 3- bis 5-mal pro Woche   **WORKOUT-GESAMTDAUER** > 12 Minuten

STUFE 1, WORKOUT 2 **HALTUNGSKORREKTUR**

ZIEL > Korrektur muskulärer Verspannungen und Schwächen, Verbesserung der Beweglichkeit in den Gelenken, optimale Ausrichtung der Wirbelsäule.

TYP	ÜBUNG	ZIELMUSKULATUR	SÄTZE	WH	RHYTHMUS	PAUSE
DYNAMISCHES WARM-UP	Streckung von Oberschenkel-vorder- und -rückseite (S. 84)	Quadrizeps, Oberschenkel-rückseite, Gesäß, Waden	1	10 pro Bein	3/3	–
	Bruststreckung an der Wand (S. 86)	Schultern, Brust	1	10 pro Arm	3/3	–
	Mondsichel im Türrahmen (S. 87)	Schräge BM, Latissimus, Schultern, seitliche Hüftmuskulatur	1	10 pro Seite	3/3	–
WORKOUT	Skydiver (S. 112)	Unterer und mittlerer Rücken, Abduktoren	2	15	2/2	30 Sekunden
	Schulter-blattpressen (S. 114)	Mittlerer Rücken	1	10	5 Sekunden halten	5 Sekunden zwischen den WH
	Kniebeuge an der Wand mit Steiß-beinstreckung (S. 118)	Quer verlaufende BM	1	10	5 Sekunden halten	5 Sekunden zwischen den WH
	Seitliches Beinheben (S. 121)	Seitliche Hüftmuskulatur	2	15 pro Bein	3/3	30 Sekunden
	Kniebeugen am Stuhl (S. 123)	Gesamter Core	2	15	2/2	30 Sekunden

HÄUFIGKEIT > 3- bis 5-mal pro Woche   **WORKOUT-GESAMTDAUER >** 15 Minuten

STUFE 1, WORKOUT 3	STABILITÄT UND BEHERRSCHUNG DES FAHRRADS

ZIEL > Verbesserung der statischen und dynamischen Stabilisierung der gesamten Core-Muskulatur, Erhöhung der Muskelreaktion und Verbesserung der intramuskulären Koordination.

TYP	ÜBUNG	ZIELMUSKULATUR	SÄTZE	WH	RHYTHMUS	PAUSE
DYNAMI-SCHES WARM-UP	Dehnung des unteren Rückens im Türrahmen (S. 85)	Unterer Rücken, schräge BM	1	10 pro Seite	3/3	–
	Bruststreckung an der Wand (S. 86)	Schultern, Brust	1	10 pro Arm	3/3	–
	Mondsichel im Türrahmen (S. 87)	Schräge BM, Latissimus, Schultern, seitliche Hüft-muskulatur	1	10 pro Seite	3/3	–
WORKOUT	Superman (S. 111)	Unterer Rücken, großer Gesäß-muskel	2	12	2/2	30 Sekunden
	Bergsteiger (S. 115)	Quer verlaufende BM, Hüftbeuger, Quadrizeps	2	12 pro Bein	2/2	30 Sekunden
	Seitstütz (S. 119)	Schräge BM	2	12 pro Seite	2/2	30 Sekunden
	Auster (S. 122)	Seitliche Hüft-muskulatur	2	12 pro Bein	2/2	30 Sekunden
	Unterarmstütz (S. 124)	Gesamter Core	2	1	20–30 Sekunden halten	30 Sekunden

HÄUFIGKEIT > 2- bis 3-mal pro Woche　　　　　　**WORKOUT-GESAMTDAUER** > 17 Minuten

STUFE 1, WORKOUT 4 > **AUSDAUER**

ZIEL > Verbesserung der muskulären Ausdauer und Effektivität im Core und Verlängerung des Stehvermögens bis zur Erschöpfung.

TYP	ÜBUNG	ZIELMUSKULATUR	SÄTZE	WH	RHYTHMUS	PAUSE
DYNAMISCHES WARM-UP	Streckung von Oberschenkel- vorder- und -rückseite (S. 84)	Quadrizeps, Oberschen- kelrückseite, Gesäß, Waden	I	IO pro Bein	3/3	–
	Bruststreckung an der Wand (S. 86)	Schultern, Brust	I	IO pro Arm	3/3	–
	Mondsichel im Türrahmen (S. 87)	Schräge BM, Latissimus, Schultern, seitliche Hüftmuskulatur	I	IO pro Seite	3/3	–
WORKOUT	Hüftheben mit Beinstreckung (S. II3)	Unterer Rücken, Oberschenkel- rückseite, Gesäß	2	I5 pro Bein	2/2	30 Sekunden
	Bergsteiger (S. II5)	Quer verlaufende BM, Hüftbeuger, Quadrizeps	2	I5 pro Bein	2/2	30 Sekunden
	Unterkörperdre- hung im Liegen (S. I20)	Schräge BM, unterer Rücken	2	I5 pro Seite	2/2	30 Sekunden
	Seitliches Beinheben (S. I2I)	Seitliche Hüft- muskulatur	2	I5 pro Bein	2/2	30 Sekunden
	Unterarmstütz (S. I24)	Gesamter Core	2	I	30–40 Sekunden halten	30 Sekunden

HÄUFIGKEIT > 2- bis 3-mal pro Woche   **WORKOUT-GESAMTDAUER** > 25 Minuten

STUFE 1, WORKOUT 5 > TOMMY DS TRAINING ZUR LEISTUNGSOPTIMIERUNG

ZIEL > Aufbau der größtmöglichen Kraft im Core, Erhöhung des Energieumsatzes, Steigerung der Muskelausdauer, Erhöhung der Chance, an der Alpe d'Huez mit Tom mithalten zu können.

TYP	ÜBUNG	ZIELMUSKULATUR	SÄTZE	WH	RHYTHMUS	PAUSE
DYNAMI-SCHES WARM-UP	Dehnung des unteren Rückens im Türrahmen (S. 85)	Unterer Rücken, schräge BM	1	3 pro Seite	3/3	–
	Mondsichel im Türrahmen (S. 87)	Schräge BM, Latissimus, Schultern, seitliche Hüftmuskulatur	1	10 pro Seite	3/3	–
	Liegende 4 (S. 88)	Unterer Rücken, Gesäß, seitliche Hüftmuskulatur	1	10 pro Bein	3/3	–
WORKOUT	Skydiver (S. 112)	Unterer und mittlerer Rücken, Abduktoren	2	12	2/2	30 Sekunden
	Hüftheben mit Beinstreckung (S. 113)	Unterer Rücken, Oberschenkelrückseite, Gesäß	2	12 pro Bein	2/2	30 Sekunden
	Bergsteiger (S. 115)	Quer verlaufende BM, Hüftbeuger, Quadrizeps	2	12 pro Bein	2/2	30 Sekunden
	Seitstütz (S. 119)	Schräge BM	2	12 pro Seite	2/2	30 Sekunden
	Kniebeugen am Stuhl (S. 123)	Gesamter Core	2	12	2/2	30 Sekunden

HÄUFIGKEIT > 3- bis 4-mal pro Woche   **WORKOUT-GESAMTDAUER** > 20 Minuten

ERKLÄRUNG DER ÜBUNGEN (STUFE I)

Die Übungen auf Stufe 1 sind sorgfältig ausgewählt. Sie liefern dir eine effektive, sichere und wissenschaftlich fundierte Grundlage zum Aufbau deiner Core-Power. Wenn du mit Stufe 1 beginnst, hast du wahrscheinlich vorher noch nicht besonders häufig deine tief liegende Stützmuskulatur trainiert, unter Umständen noch gar nicht. Das Hauptaugenmerk liegt daher auf der Dehnung der verspannten und in ihrer Bewegung eingeschränkten Muskulatur an der Körpervorderseite. Gleichzeitig sollen an der Körperrückseite die Kraft und Kompaktheit der Muskulatur aufgebaut werden.

Die alten Core-Einheiten, die auf herkömmlichen Crunches und Sit-ups aufbauten, kannst du getrost vergessen. Die Programme dieses Buchs geben dir eine ganzheitlichere und funktionalere Methode des Core-Trainings an die Hand. Dir wird auffallen, dass sich die Einheiten der Stufe 1 auf den unteren Rücken, die Gesäßmuskulatur sowie die tief liegende, untere und schräge Bauchmuskulatur konzentrieren. All diese Muskelgruppen werden normalerweise durch herkömmliche Core-Aufbauprogramme ausgespart. Bei den Bewegungsabläufen im Crunch-Stil legst du dich gewöhnlich auf den Rücken, um den Schultergürtel anzuheben und die Wirbelsäule in Richtung der Knie zu wölben. Genau diese Art der Bewegung solltest du aber vermeiden. Damit verfestigt sich nur die für Radfahrer so typische Position, die du auf deinen Touren ohnehin stundenlang einnimmst. Stufe 1 verfolgt vielmehr das Ziel, alle Haltungsfehler umzukehren, schwache Muskelaktivitäten auszugleichen und Verletzungen zu beheben, die sich durch eine zu starke gerade Bauchmuskulatur ergeben.

Bei unterschiedlichen Übungen auf Stufe 1 nimmst du über mehrere Sekunden eine bestimmte Position ein. Dies hilft, Verbindungen zwischen Gehirn und Muskulatur zu stärken, die unter Umständen schon seit einiger Zeit nicht mehr aktiv sind. Nimm die Programme der Stufe 1 nicht auf die leichte Schulter. Das Training wird dich fordern und dir einen Muskelkater bescheren, der dich an die Tage nach deinen ersten Fahrten erinnern wird!

ÜBUNGEN STUFE I

NUMMER DER ÜBUNG		NAME DER ÜBUNG	ZIELMUSKULATUR
1		Arm-/Beinheben im Vierfüßler	Unterer Rücken, großer Gesäßmuskel
2		Superman	Unterer Rücken, großer Gesäßmuskel
3		Skydiver	Unterer und mittlerer Rücken, Abduktoren
4		Hüftheben mit Beinstreckung	Unterer Rücken, Gesäß, Oberschenkelrückseite
5		Schulterblattpressen	Mittlerer Rücken
6		Bergsteiger	Quer verlaufende BM, Hüftbeuger, Quadrizeps
7		Aktivierung der quer verlaufenden BM	Quer verlaufende BM
8		Steißbeinstreckung	Quer verlaufende BM

NUMMER DER ÜBUNG		NAME DER ÜBUNG	ZIELMUSKULATUR
9		Kniebeuge an der Wand mit Steißbeinstreckung	Quer verlaufende BM
10		Seitstütz	Schräge BM
11		Unterkörperdrehung im Liegen	Schräge BM, unterer Rücken
12		Seitliches Beinheben	Seitliche Hüftmuskulatur
13		Auster	Seitliche Hüftmuskulatur
14		Kniebeugen am Stuhl	Gesamter Core
15		Unterarmstütz	Gesamter Core

1 · ARM-/BEINHEBEN IM VIERFÜSSLER

ZIEL > Verbesserung der intramuskulären Koordination zwischen dem Core und den Extremitäten, Einsatz des großen Gesäßmuskels bei der Hüftstreckung.

Zu Beginn auf die Hände und Knie in den Vierfüßler kommen. Darauf achten, dass sich die Hände direkt unterhalb der Schultern und die Knie direkt unterhalb der Hüfte befinden Ⓐ. Den Nacken lang machen und dabei weder nach oben blicken noch das Kinn zum Boden sinken lassen. Die Bauchmuskulatur aktivieren. Hierfür den Bauchnabel leicht einziehen, ohne jedoch den oberen Rücken zu runden.

Hüften und Schultern parallel zum Boden halten. Nun den rechten Fuß und die linke Hand gleichzeitig anheben Ⓑ. Die Fingerspitze und die Zehen so weit wie möglich nach vorne beziehungsweise hinten strecken. Die rechte Gesäßmuskulatur anspannen. Die Streckung fünf Sekunden lang beibehalten und dann die Hand und das Knie gleichzeitig wieder nach unten sinken lassen. Die Übung auf der anderen Seite wiederholen Ⓒ, bis die angegebene Wiederholungszahl erreicht ist.

ZIELMUSKULATUR

Unterer Rücken,
großer Gesäßmuskel

2 SUPERMAN

ZIEL > Erhöhung von Kraft und Bewegungsausmaß im unteren Rücken, Einsatz der Gesäßmuskulatur und der Oberschenkelrückseite während der Hüftstreckung.

Anfangs mit dem Gesicht nach unten auf den Boden legen und die Arme über dem Kopf nach oben ausstrecken Ⓐ. Den Kopf aus den Schultern herausnehmen. Hierfür die Schulterblätter von den Ohren weg nach unten in Richtung Taille ziehen.

Die Gesäßmuskulatur leicht anspannen und langsam die Füße und Hände anheben Ⓑ (maximal 15 cm hoch). Stell dir den Scheitel und das Steißbein als Gegenpole vor, die du während der Übung auseinanderziehst. Die obere Position fünf Sekunden lang halten und dann den Körper vorsichtig wieder absinken lassen.

In der Startposition jedes Mal den Körper neu ausrichten. Hierfür die Schulterblätter vor Einleitung der Hubphase jedes Mal nach unten ziehen. Mit der Übung fortfahren, bis die angegebene Anzahl an Wiederholungen absolviert ist.

ZIELMUSKULATUR

Unterer Rücken, großer Gesäßmuskel

3 ▶ SKYDIVER

ZIEL > Erhöhung von Kraft und Bewegungsausmaß im unteren Rücken, Stabilisierung der Hals- und Brustwirbelsäule, während die Arme in Bewegung sind.

Leg dich zu Beginn mit dem Gesicht nach unten auf den Boden. Die Arme anfangs mit nach unten weisenden Handflächen seitlich neben dem Körper ablegen Ⓐ. Den Nacken lang machen und die Schulterblätter nach unten in Richtung Taille ziehen.

Nun die Gesäßmuskulatur vorsichtig anspannen und langsam die Füße, den Brustkorb und die Hände anheben Ⓑ (maximal 15 cm hoch). Die Arme und Beine beim Anheben leicht nach außen spreizen Ⓒ. Jetzt ohne Beugung der Arme versuchen, die Hände

über dem Kopf zusammenzuführen Ⓓ. Im Anschluss wieder in die Ausgangsposition zurückkehren, um Füße, Brustkorb und Hände wieder am Boden abzulegen Ⓔ. Mit der Übung fortfahren, bis die angegebene Wiederholungszahl erreicht ist.

Sind die Schultern und die Brustmuskeln verspannt, wirst du anfangs die Hände nicht zusammenbekommen. In dem Fall ist es besser, die Arme gerade zu halten und in Kauf zu nehmen, dass sich die Hände über dem Kopf nicht ganz berühren können.

ZIELMUSKULATUR

Unterer und mittlerer
Rücken, Abduktoren

4 HÜFTHEBEN MIT BEINSTRECKUNG

ZIEL > Auflösung chronischer Verspannungen auf der Körpervorderseite, Einsatz der Gesäßmuskulatur und der Oberschenkelrückseite während der Hüftstreckung.

Leg dich anfangs mit dem Rücken auf den Boden. Die Knie sind gebeugt, die Füße sitzen flach auf. Die Fersen sollten etwa 15 bis 20 Zentimeter vom Gesäß entfernt sein, die Arme neben dem Körper entspannt auf dem Boden liegen A .

Nun die Gesäßmuskulatur anspannen, das Steißbein etwas strecken und nach oben schieben und die Hüfte anheben B . Die Position der Hüfte beibehalten und den rechten Fuß vom

Körper weg nach vorn schieben, bis das Bein komplett gestreckt ist C . Dann den Fuß wieder heranziehen.

Die Übung auf der linken Seite wiederholen und dabei darauf achten, die Hüfte die ganze Zeit über stabil in Position zu halten D .

Weiterhin die Füße abwechselnd nach vorn schieben, bis die angegebene Wiederholungszahl erreicht ist.

ZIELMUSKULATUR

Unterer
Rücken, Gesäß,
Oberschenkelrückseite

5 ▸ SCHULTERBLATTPRESSEN

ZIEL > Korrektur des für Radfahrer typischen Rundrückens. Öffnung des Brustraums zur Erleichterung der Atemaktivität.

Anfangs in den Vierfüßler kommen. Dafür die Hände unterhalb der Schultern und die Knie unterhalb der Hüfte auf den Boden setzen – so, als wolltest du einen Liegestütz machen Ⓐ.

Mit geraden Armen die Schulterblätter erst nach unten in Richtung Hüfte ziehen und dann zusammenpressen Ⓑ. Dabei nicht den Rücken wölben oder das Kinn anheben.

Die Spannung fünf Sekunden lang aufrechterhalten und dann lösen. Die Übung wiederholen, bis die angegebene Wiederholungszahl erreicht ist.

ZIELMUSKULATUR

Mittlerer Rücken (vor allem die Rautenmuskeln)

6 BERGSTEIGER

ZIEL > Einsatz der Core-Muskulatur (vor allem der quer verlaufenden BM) zur Stabilisierung des Beckens, während die Beine in Bewegung sind.

Mit kleinen Handtüchern unter den Füßen in die obere Position des Liegestützes gehen **A**. (Beim Training auf einem Teppich kleine Pappkartonstücke verwenden.) Einer Rundung des oberen Rückens durch Zusammenpressen der Schulterblätter entgegenwirken. Das Kinn dabei nicht nach vorne herausnehmen. Die Wirbelsäule lang machen und die quer verlaufende BM aktivieren. Hierfür den unteren Bereich der Bauchmuskulatur nach innen in Richtung Wirbelsäule ziehen.

Jetzt das rechte Knie nach oben zum Brustkorb ziehen, ohne den Körper in der Hüfte zu krümmen oder zu neigen **B**. Anschließend das Bein wieder nach hinten schieben. Wenn das rechte Bein wieder in der Ausgangsposition angekommen ist, das linke Bein heranziehen **C**. Während der ganzen Übung auf die saubere Haltung des oberen und unteren Rückens achten und die stabile Position der Hüfte beibehalten.

Weiterhin wechselseitig die Beine anziehen, bis die vorgegebene Wiederholungszahl erreicht ist.

ZIELMUSKULATUR

Quer verlaufende BM, Hüftbeuger, Quadrizeps

A

B

C

7 AKTIVIERUNG DER QUER VERLAUFENDEN BM

ZIEL > Verbesserte Aktivierung der quer verlaufenden BM, Linderung chronischer Schmerzen im unteren Rücken.

Mit gebeugten Knien auf den Rücken legen und die Füße etwa 15 bis 20 Zentimeter von Gesäß entfernt auf den Boden setzen . Es ist sehr wichtig, dass der Oberkörper während der ganzen Übung vollständig entspannt ist und der Kopf auf dem Boden aufliegt, während die Hände entspannt seitlich neben dem Körper ruhen.

Jetzt vorsichtig die untere Bauchmuskutur und den Bauchnabel in Richtung Boden

sinken lassen B . Versuch, dich dabei nicht zu verkrampfen. Stell dir eher vor, du würdest zwischen dem Bauchnabel und dem Schambein eine Senke entstehen lassen. Konzentrier dich auf die Muskulatur unterhalb des Bauchnabels und versuch, die obere Bauchmuskulatur zu entspannen.

Die Position über die angegebene Dauer halten und am Ende die Muskulatur wieder lösen. Im Anschluss zur nächsten Wiederholung übergehen, bis die vorgegebene Satzlänge erreicht ist.

ZIELMUSKULATUR

Quer verlaufende BM

8 STEISSBEINSTRECKUNG

ZIEL > Isolierung und Kontrolle der quer verlaufenden BM.

Zu Beginn auf die Hände und Knie in den Vier-füßler kommen. Darauf achten, dass sich die Hände direkt unterhalb der Schultern und die Knie direkt unterhalb der Hüfte befinden Ⓐ. Den Nacken lang machen und dabei weder nach oben blicken noch das Kinn zum Boden sinken lassen.

Jetzt ohne Bewegung des Brustkorbs, der Schultern, des Halses oder des Kopfes das Steißbein langsam nach unten sinken lassen. Gleichzeitig den Bauchnabel in Richtung der Wirbelsäule nach oben ziehen Ⓑ. Die ange-spannte Position über die angegebene Dauer hinweg beibehalten und dann die Spannung wieder lösen.

ZIELMUSKULATUR

Quer verlaufende BM

ZIEL > Kontrolle der quer verlaufenden BM, während die Beinmuskulatur angespannt ist.

Mit dem Rücken an der Wand in die Kniebeuge gehen Ⓐ. Das Ziel besteht darin, die Knie rechtwinklig zu beugen. Falls dies in den Knien schmerzt, kannst du auch ein bisschen weiter nach oben rutschen. Kopfrückseite, Schulterpartie, mittlerer Rücken und Gesäßmuskulatur sollten an der Wand anliegen Ⓑ. Der untere Rücken sollte leicht gekrümmt sein, sodass du maximal eine Hand in den Zwischenraum schieben könntest.

Die Kontaktpunkte mit der Wand beibehalten und das Steißbein nach unten strecken. Gleichzeitig die untere Bauchmuskulatur einziehen, sodass die leichte Krümmung im unteren Rücken verschwindet und der Bereich die Wand berührt Ⓒ.

Die Position über die angegebene Dauer hinweg beibehalten und dann die Spannung wieder lösen.

ZIELMUSKULATUR

Quer verlaufende BM

10 › SEITSTÜTZ

ZIEL > Verbesserte Aktivierung der inneren schrägen BM. Dies hilft, das Rad beim Herausgehen aus dem Sattel zu stabilisieren.

Auf die rechte Körperflanke legen und den rechten Oberarm am Boden aufsetzen. Der rechte Ellbogen befindet sich direkt unterhalb der rechten Schulter Ⓐ. Das linke Bein gerade halten und das rechte Bein um 90 Grad beugen Ⓑ. Den Körper von der linken Schulter bis hinunter zum linken Fußgelenk gerade ausrichten. Darauf achten, die Hüfte etwas nach vorn herauszunehmen, das Steißbein zu strecken und die Ohren auf die Schultern auszurichten.

Die linke Hand befindet sich zur Stabilisierung vor dem Körper auf dem Boden. Jetzt auf den rechten Unterarm Druck ausüben, um die Hüfte anzuheben Ⓒ. Das rechte Knie bleibt während der gesamten Übung am Boden, um den unteren Rücken zu stützen. Die linke Hüftseite über die angegebene Wiederholungszahl hinweg nach oben und unten führen, dann die Seiten wechseln.

ZIELMUSKULATUR

Schräge BM

11 UNTERKÖRPERDREHUNG IM LIEGEN

ZIEL > Auflösen chronischer Verspannungen im unteren Rücken und an der Hüftaußenseite, gleichzeitig Einsatz der schrägen BM zur Kontrolle der Bewegung.

Mit dem Rücken auf den Boden legen und die Beine anheben, sodass an der Hüfte und in den Knien ein rechter Winkel entsteht Ⓐ. Die Arme links und rechts am Boden ablegen, sodass der Körper ein „T" bildet.

Jetzt mit entspanntem Oberkörper die Knie so weit wie möglich nach links sinken lassen.

Wichtig ist, dass dabei der rechte Arm und das rechte Schulterblatt den Boden nicht verlassen Ⓑ, Ⓒ. Im Anschluss wieder zur Mitte zurückkehren und die Übung auf der rechten Seite wiederholen Ⓓ, Ⓔ. Konzentrier dich beim Anheben der Beine auf den Einsatz der Bauchmuskulatur.

Die Knie weiterhin abwechselnd nach links und rechts sinken lassen.

ZIELMUSKULATUR

Schräge BM, unterer Rücken

12 SEITLICHES BEINHEBEN

ZIEL > Verbesserte Kraft und Muskelaktivierung in der chronisch verspannten Muskulatur der Hüftaußenseite.

Begib dich mit dem Rücken an der Wand auf die linke Körperseite Ⓐ . Halte den Kopf komplett entspannt, indem du ihn entweder auf den gestreckten unteren Arm legst oder mit der linken Hand stützt. Die Kontaktpunkte mit der Wand sind die Fersen, das Gesäß, die Schulterblätter und die Kopfrückseite.

Nun die rechte Hand auf die rechte Hüfte setzen und das rechte Bein langsam an der Wand entlang nach oben heben (hierbei kommt es zur Muskelabduktion) Ⓑ , Ⓒ . Bei der Übung kommt es darauf an, unter Einsatz der Muskulatur an der Hüftaußenseite das Bein nach oben zu bewegen, statt das ganze Becken anzuheben. Wenn du das Gefühl hast, dass der Hüftknochen auf der rechten Körperseite nach oben in Richtung Brustkorb wandert, bewegst du das Becken zu sehr mit. Führe auf der einen Seite die vorgegebene Wiederholungszahl durch und dreh dich dann um.

ZIELMUSKULATUR

Seitliche
Hüftmuskulatur

13 AUSTER

ZIEL > Einsatz der mittleren Gesäßmuskulatur und des Oberschenkelfaszienspanners bei gleichzeitiger Stabilisierung des Beckens.

Begib dich mit dem Rücken an der Wand auf die linke Körperseite Ⓐ. Halte den Kopf komplett entspannt, indem du ihn entweder auf den gestreckten Arm legst oder mit der linken Hand stützt. Nun beide Knie beugen und die Fußsohlen auf die Wand setzen.

Deine Kontaktpunkte mit der Wand sind: die Fußsohlen, die Gesäßmuskulatur, die Schulterblätter und die Kopfrückseite.

Die rechte Hand nun auf die rechte Hüfte setzen und langsam das rechte Knie nach oben zur Wand bewegen Ⓑ. Die Fußgelenke und Füße die ganze Zeit über eng beieinander behalten. Von vorne betrachtet sehen die Beine so aus wie eine Auster, die sich öffnet und schließt Ⓒ. Führe auf der einen Seite die vorgegebene Wiederholungszahl durch und dreh dich dann um.

ZIELMUSKULATUR

Seitliche Hüftmuskulatur

14 KNIEBEUGEN AM STUHL

ZIEL > Aktivierung der Gesäßmuskulatur und der Oberschenkelrückseite, Reduzierung der Belastung für die Oberschenkelvorderseite.

Die Kniebeuge ist eine der wichtigsten Alltagsbewegungen. An einem normalen Tag absolviert jeder Mensch etwa 50 bis 100 Abwandlungen dieses Bewegungsablaufs. Du denkst, das wäre zu hoch gegriffen? Dann überleg dir doch mal, wie oft du ins Auto einsteigst, wieder aussteigst, aufs Klo gehst, dich hinsetzt und wieder aufstehst oder dich beugst, um etwas aufzuheben. All diese Bewegungen sind Variationen der Kniebeuge. Da wir die Kniebeuge so oft brauchen, ist es unverzichtbar, sie technisch sauber auszuführen, um unnötige Belastungen der Knie und der Hüfte zu vermeiden.

Eine sichere und effektive Art des Formtrainings ist die Kniebeuge mit einem Stuhl als Hilfsmittel. Such dir dafür einen Stuhl mit einer etwa kniehohen Sitzfläche aus.

Geh dann vor dem Stuhl mit hüftbreit voneinander entfernten Füßen und angehobenem Brustkorb in Position.

Streck dabei das Steißbein etwas nach unten und vorn und setz die Hände auf die Hüfte Ⓐ. Die Zehen etwas hochziehen, um das ganze Gewicht auf die Fersen zu verlagern und die Hüfte so weit wie möglich nach hinten herauszunehmen. Dann das Gesäß zur Sitzfläche sinken lassen Ⓑ. Achte darauf, dass die Knie nicht weiter nach vorn wandern als bis zu den Zehen. Behalte außerdem den Brustkorb angehoben Ⓒ.

Das letztendliche Ziel ist es, bis nach unten zur Sitzfläche zu kommen Ⓓ. Es kann aber sein, dass du beim ersten Mal nur etwa 30 Zentimeter schaffst, bevor deine Haltung unsauber wird.

Den Körper am Ende aus den Fersen heraus wieder nach oben drücken. Der Brustkorb gibt dabei die Richtung vor. Zum Abschluss bei Erreichen der Startposition die Gesäßmuskulatur anspannen. Die Übung wiederholen, bis die angegebene Wiederholungszahl erreicht ist.

ZIELMUSKULATUR

Gesamter Core

15 UNTERARMSTÜTZ

ZIEL > Gleichmäßige Beanspruchung aller Core-Muskeln, verbesserte intramuskuläre Koordination zwischen oberem und unterem Rücken sowie unterer BM.

Für Radfahrer ist der Unterarmstütz sehr nützlich zur Vorbereitung aufs Zeitfahren oder schnelle Abfahrten. Wenn du an deiner Aerodynamik arbeiten willst, ist das die richtige Übung für dich.

Setz dafür die Unterarme und die Zehen am Boden auf und halte die isometrische Position. Die Ellbogen sollten sich direkt unterhalb der Schultern befinden, die Füße 20 bis 25 Zentimeter voneinander entfernt sein Ⓐ. Den

Nacken lang machen und den Blick zum Boden richten.

Die Schulterblätter am Rücken flach machen und hierfür etwas zusammendrücken. Der obere Rücken sollte nicht gerundet sein, auch der untere Rücken sollte keine übermäßige Rundung und kein Hohlkreuz aufweisen. Die Position über die angegebene Dauer hinweg halten und dabei nicht vergessen, gut durchzuatmen!

ZIELMUSKULATUR

Gesamter Core

KAPITEL 7

Workouts und Übungen Stufe 2

Die Workouts der Stufe 2 sind wie zu erwarten noch anspruchsvoller als die Übungen des vorherigen Kapitels. Bevor du es mit Stufe 2 versuchst, solltest du dir die Anforderungen auf Seite 90 ansehen, um herauszufinden, ob du dafür bereit bist.

Das Workout 1 der Stufe 2 ist seinem Vorläufer der Stufe 1 ähnlich. Auch hier liegt die Betonung weiterhin auf der Korrektur des Muskelungleichgewichts und der Steigerung der neuromuskulären Effektivität. Der hauptsächliche Unterschied auf Stufe 2: Du führst direkt vom Start weg zwei Sätze von jeder Übung aus. Wenn die Überprüfung der Anforderungen ergeben hat, dass du für Stufe 2 bereit bist, verfügst du bereits über die nötige Muskelausdauer, um zwei Sätze mit sauberer Form zu absolvieren. Eine weitere Änderung zu Stufe 1 betrifft die Übungen zur Verletzungsprävention. Auf Stufe 2 musst du dich bewegen, anstatt nur eine Kontraktion fünf bis zehn Sekunden lang zu halten.

Das Workout 2 der Stufe 2 ist insofern ein wenig anspruchsvoller als das Workout 2 der Stufe eins, als die Übungen auch den Schultergürtel miteinbeziehen, wie etwa beim Skydiver mit Schulterpressen. Außerdem wird die seitliche Hüftmuskulatur im Stand statt im Liegen aktiviert. Eine überraschend große Herausforderung stellt unter Umständen das Schulterblattpressen im Liegestütz dar. Hierfür begibst du dich auf die Zehenspitzen statt auf die Knie wie noch auf Stufe 1. Daneben sind auch die Sätze länger.

Workout 3 ist der mental wohl anspruchsvollste Teil von Stufe 2. Es umfasst sechs Übungen, die alle ein unterschiedliches Niveau an intramuskulärer Koordination sowie Balance und Stabilität erfordern. Da dich diese Übungen körperlich und mental so stark fordern, reichen jeweils zwei Sätze – mit Ausnahme der zwei Übungen, die spezifisch auf Balance und Stabilität abzielen. Achte darauf, dich zwischen den Sätzen über die kompletten 30 Sekunden hinweg auszuruhen. Du kannst die Pause auch verlängern, wenn du das Gefühl hast, andernfalls die Form nicht halten zu können.

Auch das Ausdauer-Workout der Stufe 2 bedeutet eine Steigerung. Einer der zentralen Punkte beim Aufbau von Ausdauer ist die Verlängerung der Zeitspanne bis zur Mündung. Die Pausen auf Stufe 2 werden daher von 30 auf 20 Sekunden heruntergefahren. Ein echter Beweis für das Stehvermögen ist die Fähigkeit, hart zu arbeiten und sich danach schnell zu erholen. Die gerade einmal 20 Sekunden Pause zwischen den Sätzen sind auf jeden Fall ein Test für das körperliche als auch mentale Durchhaltevermögen. Doch auch, wenn du das Workout mit weniger Pausen schaffst: Behalte stets im Hinterkopf, dass in der Regel die Form darunter leidet, wenn du die Übungen im Eildurchgang abspulst. Das kann Verletzungen nach sich ziehen. Plane 25 Minuten für dieses Workout ein. Die Zeit ist sicher nicht falsch investiert.

Zu guter Letzt ist da noch Tommy Ds Training zur Leistungsoptimierung. Du bist jetzt bereit dafür, deinen Körper etwas schneller zu bewegen, ohne die

TOMMY IN AKTION

Bis zum Ende einer Saison haben sich bei mir in der Regel unterschiedliche nervige Verletzungen angesammelt, die auf Fehlhaltungen zurückgehen. Ob Hals, Rücken oder Brust – alles, was mit der Wirbelsäule zu tun hat, schmerzt! Ein Bereich, den ich immer wieder durch einen der Chiropraktiker im Team behandeln lassen muss, ist die Brustwirbelsäule (der mittlere Rücken). Im ersten Monat der Saisonpause lässt mich Allison daher immer das Schulterblattpressen üben. Es tut gut, sich wieder komplett neu auszurichten und all die Beschwerden loszuwerden, die sich während der Saison angestaut haben.

motorische Kontrolle und die Form zu verlieren. Der Rhythmus vieler Übungen wechselt von 2/2 auf 1/1. Schneller bedeutet aber nicht schlampiger. Es gilt vielmehr, die Zügel weiterhin fest in der Hand zu halten und auf die korrekte Technik, das Tempo und den Einsatz der ganzen neuen neuromuskulären Verbindungen zu achten, die bereits entstanden sind.

STUFE 2, WORKOUT 1 — VERLETZUNGSPRÄVENTION/REHA

ZIEL > Reduzierung der Schmerzen, Erhöhung der neuromuskulären Effektivität, Behebung seit längerer Zeit bestehender Probleme mit dem Muskelgleichgewicht, welche Verletzungen hervorrufen.

TYP	ÜBUNG	ZIELMUSKULATUR	SÄTZE	WH	RHYTHMUS	PAUSE
DYNAMI-SCHES WARM-UP	Dehnung des unteren Rückens im Türrahmen (S. 85)	Unterer Rücken, schräge BM	I	3-mal nach oben und unten pro Seite	3/3	–
	Mondsichel im Türrahmen (S. 87)	Schräge BM, Latissimus, Schultern, seitliche Hüftmuskulatur	I	10 pro Seite	3/3	–
	Liegende 4 (S. 88)	Unterer Rücken, Gesäß, seitliche Hüftmuskulatur	I	10 pro Bein	2/2	–
WORKOUT	Arm-/Beinheben im Unterarmstütz (S. 136)	Unterer Rücken, großer Gesäßmuskel	2	10 pro Seite	2/2	30 Sekunden
	Hüftheben mit Laufschritt (S. 139)	Unterer Rücken, Oberschenkelrückseite, Gesäß	2	10 pro Bein	2/2	30 Sekunden
	Scherenschlag (S. 141)	Quer verlaufende BM	2	10 pro Bein	2/2	30 Sekunden
	Unterkörper-Crunch (S. 142)	Quer verlaufende BM	2	15	2/2	30 Sekunden

HÄUFIGKEIT > 3- bis 5-mal pro Woche   **WORKOUT-GESAMTDAUER** > I7 Minuten

STUFE 2, WORKOUT 2 — HALTUNGSKORREKTUR

ZIEL > Korrektur muskulärer Verspannungen und Schwächen, Verbesserung der Beweglichkeit in den Gelenken, optimale Ausrichtung der Wirbelsäule.

TYP	ÜBUNG	ZIELMUSKULATUR	SÄTZE	WH	RHYTHMUS	PAUSE
DYNAMI-SCHES WARM-UP	Streckung von Oberschenkel-vorder- und -rückseite (S. 84)	Quadrizeps, Oberschenkel-rückseite, Gesäß, Waden	I	10 pro Bein	3/3	–
	Bruststreckung an der Wand (S. 86)	Schultern, Brust	I	10 pro Arm	3/3	–
	Mondsichel im Türrahmen (S. 87)	Schräge BM, Latissimus, Schultern, seitliche Hüftmuskulatur	I	10 pro Seite	3/3	–
WORKOUT	Skydiver mit Schulterpres-sen (S. 138)	Unterer, mittlerer und oberer Rücken, Schultern, seitliche Hüftmuskulatur	2	10	2/2 (Skydiver) I/I (Schulterpressen)	30 Sekunden
	Schulterblattpressen im Liegestütz (S. 140)	Mittlerer Rücken	I	I5	5 Sekunden halten	5 Sekunden zwischen den WH
	Scherenschlag (S. I4I)	Quer verlaufende BM	2	10 pro Bein	2/2	30 Sekunden
	Ausfallschritt über Kreuz (S. I45)	Gesäß, Oberschenkelrückseite, Quadrizeps, seitliche Hüftmuskulatur	2	10 pro Bein	I/I	30 Sekunden
	Unterarmstütz mit Absetzen (S. I48)	Gesamter Core	2	10 pro Bein	I/I	30 Sekunden

HÄUFIGKEIT > 3- bis 5-mal pro Woche   WORKOUT-GESAMTDAUER > I7 Minuten

STUFE 2, WORKOUT 3	STABILITÄT UND BEHERRSCHUNG DES FAHRRADS

ZIEL > Verbesserung der statischen und dynamischen Stabilisierung der gesamten Core-Muskulatur, Erhöhung der Muskelreaktion und Verbesserung der intramuskulären Koordination.

TYP	ÜBUNG	ZIELMUSKULATUR	SÄTZE	WH	RHYTHMUS	PAUSE
DYNAMI-SCHES WARM-UP	Dehnung des unteren Rückens im Türrahmen (S. 85)	Unterer Rücken, schräge BM	I	I0 pro Seite	3/3	–
	Bruststreckung an der Wand (S. 86)	Schultern, Brust	I	I0 pro Arm	3/3	–
	Mondsichel im Türrahmen (S. 87)	Schräge BM, Latissimus, Schultern, seitliche Hüftmuskulatur	I	I0 pro Seite	3/3	–
WORKOUT	Superman mit Oberschenkeldehnung (S. 137)	Unterer Rücken, großer Gesäßmuskel, Oberschenkelrückseite	2	I0 pro Seite	2/2	30 Sekunden
	Seitstütz (S. 144)	Schräge BM	2	I0 pro Seite	2/2	30 Sekunden
	Ausfallschritt über Kreuz (S. 145)	Gesäß, Oberschenkelrückseite, Quadrizeps, seitliche Hüftmuskulatur	2	I0 pro Bein	I/I	30 Sekunden
	Griff zur Wasserflasche (S. 146)	Quer verlaufende BM, Schulterpartie, Stützmuskulatur der Wirbelsäule	2	I0 pro Seite	2/2	30 Sekunden
	Breitbeiniger Bergsteiger (S. 147)	Quer verlaufende BM, Schulterpartie, Stützmuskulatur der Wirbelsäule	2	I0 pro Seite	2/2	30 Sekunden

HÄUFIGKEIT > 2- bis 3-mal pro Woche   WORKOUT-GESAMTDAUER > I9 Minuten

STUFE 2, WORKOUT 4 > AUSDAUER

ZIEL > Verbesserung der muskulären Ausdauer und Effektivität im Core und Verlängerung des Stehvermögens bis zur Erschöpfung.

TYP	ÜBUNG	ZIELMUSKULATUR	SÄTZE	WH	RHYTHMUS	PAUSE
DYNAMI-SCHES WARM-UP	Streckung von Oberschenkel-vorder- und -rückseite (S. 84)	Quadrizeps, Oberschenkel-rückseite, Gesäß, Waden	1	10 pro Bein	3/3	–
	Bruststreckung an der Wand (S. 86)	Schultern, Brust	1	10 pro Arm	3/3	–
	Mondsichel im Türrahmen (S. 87)	Schräge BM, Latissimus, Schultern, seitliche Hüftmusku-latur	1	10 pro Seite	3/3	–
WORKOUT	Hüftheben mit Laufschritt (S. 139)	Unterer Rücken, Oberschenkel-rückseite, Gesäß	2	15 pro Bein	2/2	20 Sekunden
	Unterkörper-Crunch (S. 142)	Quer verlaufende BM	2	15	2/2	20 Sekunden
	Oberkörperdre-hung im Sitzen (S. 143)	Schräge BM	2	1 pro Seite	15 Sekunden halten	20 Sekunden
	Unterarmstütz mit Absetzen (S. 148)	Gesamter Core	2	15 pro Bein	1/1	20 Sekunden
	Kniebeuge mit erhobenen Armen (S. 149)	Mittlere Gesäß-muskulatur, seitliche Hüft-muskulatur	2	15	2/2	20 Sekunden

HÄUFIGKEIT > 2- bis 3-mal pro Woche   WORKOUT-GESAMTDAUER > 25 Minuten

STUFE 2, WORKOUT 5 > TOMMY DS TRAINING ZUR LEISTUNGSOPTIMIERUNG

ZIEL > Aufbau der größtmöglichen Kraft im Core, Erhöhung des Energieumsatzes, Steigerung der Muskelausdauer, Erhöhung der Chance, an der Alpe d'Huez mit Tom mithalten zu können.

TYP	ÜBUNG	ZIELMUSKULATUR	SÄTZE	WH	RHYTHMUS	PAUSE
DYNAMI-SCHES WARM-UP	Dehnung des unteren Rückens im Türrahmen (S. 85)	Unterer Rücken, schräge BM	1	3 pro Seite	3/3	–
	Mondsichel im Türrahmen (S. 87)	Schräge BM, Latissimus Schultern, seitliche Hüftmuskulatur	1	10 pro Seite	3/3	–
	Liegende 4 (S. 88)	Unterer Rücken, Gesäß, seitliche Hüftmuskulatur	1	10 pro Bein	3/3	–
WORKOUT	Skydiver mit Schulterpressen (S. 138)	Unterer, mittlerer und oberer Rücken, Schultern, seitliche Hüftmuskulatur	2	12	2/2 (Skydiver), 1/1 (Pressen)	30 Sekunden
	Unterkörper-Crunch (S. 142)	Quer verlaufende BM	2	12	2/2	30 Sekunden
	Griff zur Wasserflasche (S. 146)	Quer verlaufende BM, Schulterpartie, Stützmuskulatur der Wirbelsäule	2	12 pro Seite	1/1	30 Sekunden
	Oberkörperdrehung im Sitzen (S. 143)	Schräge BM	2	1 pro Seite	15 Sekunden halten pro Seite	30 Sekunden
	Ausfallschritt über Kreuz (S. 145)	Mittlere Gesäßmuskulatur	2	12 pro Seite	1/1	30 Sekunden
	Unterarmstütz mit Kraxeln (S. 150)	Gesamter Core	2	12 pro Arm	1/1	30 Sekunden

HÄUFIGKEIT > 3- bis 4-mal pro Woche   **WORKOUT-GESAMTDAUER >** 20 Minuten

Erklärung der Übungen (Stufe 2)

Die Übungen der Stufe zwei bauen auf den Kraftgrundlagen auf, die du auf Stufe eins gelegt hast – oder die du vor der Lektüre dieses Buchs bereits hattest. Sieh dir unbedingt die Anforderungen auf Seite 90 an, um festzustellen, ob du für Stufe 2 schon bereit bist. Auf dieser Stufe arbeiten wir weiterhin am Aufbau der Rückenmuskulatur. Allerdings lassen wir auch einige Übungen für die Balance und Stabilität mit einfließen, sowie Abläufe, welche die gesamte Core-Muskulatur beanspruchen.

Stufe 2 beinhaltet auch einige Übungen, bei denen die Füße und/oder Hände keinen Kontakt zum Boden haben. Das hat den Effekt, dass sich der Körper selbst stabilisieren muss, um im Gleichgewicht zu bleiben. Genau wie in den Fällen, wo du aus dem Sattel gehst und auf den Druck eines Fußes aufs Pedal mit der jeweils gegenüberliegenden Körperseite reagieren musst. Durch die Fähigkeit zur effektiven und schnellen Stabilisierung mit angehobenen Händen oder Füßen sinkt das Verletzungsrisiko, ganz zu schweigen vom Selbstvertrauen und der Sicherheit auf dem Fahrrad. Bist du schon einmal während des Griffs nach der Wasserflasche in einen anderen Radler hineingefahren? Dann war deine Stabilität nicht optimal. Aber keine Angst. Übung Nummer 11 sorgt im Nu dafür, dass dir dieser peinliche Fauxpas nicht mehr unterläuft!

ÜBUNGEN DER STUFE 2

NUMMER DER ÜBUNG		NAME DER ÜBUNG	ZIELMUSKULATUR
1		Arm-/Beinheben im Unterarmstütz	Unterer Rücken, großer Gesäßmuskel
2		Superman mit Oberschenkeldehnung	Unterer Rücken, großer Gesäßmuskel, Oberschenkelrückseite
3		Skydiver mit Schulterpressen	Unterer, mittlerer und oberer Rücken, Schultern, seitliche Hüftmuskulatur
4		Hüftheben mit Laufschritt	Unterer Rücken, Gesäßmuskulatur, Oberschenkelrückseite
5		Schulterblattpressen im Liegestütz	Mittlerer Rücken
6		Scherenschlag	Quer verlaufende BM
7		Unterkörper-Crunch	Quer verlaufende BM
8		Oberkörperdrehung im Sitzen	Schräge BM

Fortsetzung auf der nächsten Seite »

ÜBUNGEN DER STUFE 2 (Fortsetzung)

NUMMER DER ÜBUNG		NAME DER ÜBUNG	ZIELMUSKULATUR
9		Seitstütz	Schräge BM
10		Ausfallschritt über Kreuz	Gesäßmuskulatur, Oberschenkelrückseite, Quadrizeps, seitliche Hüftmuskulatur
11		Griff zur Wasserflasche	Quer verlaufende BM, Schulterpartie, Stützmuskulatur der Wirbelsäule
12		Breitbeiniger Bergsteiger	Quer verlaufende BM, Schulterpartie, Stützmuskulatur der Wirbelsäule
13		Unterarmstütz mit Absetzen	Gesamter Core
14		Kniebeugen mit erhobenen Armen	Gesamter Core
15		Unterarmstütz mit Kraxeln	Gesamter Core

ARM-/BEINHEBEN IM UNTERARMSTÜTZ

ZIEL > Verbesserung der intramuskulären Koordination zwischen dem Core und den Extremitäten, Einsatz des großen Gesäßmuskels zur Hüftstreckung, Förderung der Balance.

Zunächst in den normalen Unterarmstütz kommen. Dafür die Unterarme und Zehen auf den Boden setzen. Darauf achten, dass sich die Ellbogen direkt unterhalb der Schultern befinden und die Füße etwa 25 bis 30 Zentimeter voneinander entfernt sind A.

Hüfte und Schultern parallel zum Boden ausrichten und dann den linken Fuß sowie die rechte Hand gleichzeitig anheben B. Die Fingerspitzen sowie die Zehen

so weit wie möglich nach vorn beziehungsweise hinten strecken. Die Muskulatur der linken Gesäßhälfte anspannen.

Die Spannung fünf Sekunden lang halten und dann die Hand und den Fuß gleichzeitig wieder zum Boden sinken lassen.

Die Übung auf der anderen Seite wiederholen C. Auf die Art wechselseitig fortfahren, bis die angegebene Anzahl an Wiederholungen absolviert ist.

ZIELMUSKULATUR

Unterer Rücken,
großer Gesäßmuskel

2 SUPERMAN MIT OBERSCHENKELDEHNUNG

ZIEL > Erhöhung von Kraft und Bewegungsausmaß im unteren Rücken, Einsatz der Gesäßmuskulatur und der Oberschenkelrückseite während der Hüftstreckung.

Mit dem Gesicht nach unten auf den Boden legen und die Arme über dem Kopf ausstrecken. Den Kopf aus den Schultern herausnehmen. Hierfür die Schulterblätter von den Ohren weg nach unten in Richtung Taille ziehen.

Nun die Gesäßmuskulatur vorsichtig anspannen und langsam die Füße und die Hände anheben (maximal 15 cm hoch). Stell dir vor, du würdest am Scheitel und am Steißbein in entgegensetzte Richtungen gezogen.

In dieser Position das linke Bein um 90 Grad beugen und die linke Hand nach hinten führen, um das linke Fußgelenk zu berühren Ⓐ.

Anschließend wieder in den normalen Superman zurückkehren (nicht in die Ausgangsposition am Boden) und den Ablauf auf der rechten Seite wiederholen Ⓑ. Auf die Art wechselseitig fortfahren, bis die angegebene Anzahl an Wiederholungen absolviert ist.

ZIELMUSKULATUR

Unterer Rücken, großer Gesäßmuskel, Oberschenkelrückseite

3 SKYDIVER MIT SCHULTERPRESSEN

ZIEL > Erhöhung von Kraft und Bewegungsausmaß im Rücken, Stabilisierung der Hals-
und Brustwirbelsäule, während die Arme in Bewegung sind.

Leg dich mit dem Gesicht nach unten auf den Boden. Die Arme liegen zunächst mit nach unten weisenden Handflächen links und rechts neben dem Körper. Den Nacken lang machen und die Schulterblätter nach unten ziehen (A).

Nun die Gesäßmuskulatur vorsichtig anspannen und langsam die Füße, den Brustkorb und die Hände anheben (maximal 15 cm hoch).

Beim Anheben die Füße etwas weiter auseinandernehmen (B) und die Hände über den Kopf führen. Dabei versuchen, die Daumen ohne Beugung der Arme über dem Kopf zusammenzuführen.

ZIELMUSKULATUR

Unterer, mittlerer
und oberer Rücken

Die Hände und Füße angehoben lassen und die Schulterblätter nach unten ziehen.

Die Ellbogen an den Körperflanken nach unten ziehen, sodass die Daumen am Ende die Schulteroberseiten berühren (C).

Die Arme nun erneut über dem Kopf ausstrecken (D) und dann zurück zur Körperseite führen. Füße, Brustkorb und Hände auf den Boden setzen, um zurück in die Startposition zu kommen. Auf die Art fortfahren, bis die angegebene Anzahl an Wiederholungen absolviert ist.

Sind die Schultern und die Brustmuskeln verspannt, wirst du anfangs die Daumen über dem Kopf nicht zusammenbekommen. In dem Fall ist es besser, die Arme gerade zu halten und in Kauf zu nehmen, dass sich die Daumen über dem Kopf nicht ganz berühren können.

4   HÜFTHEBEN MIT LAUFSCHRITT

ZIEL > Auflösung chronischer Verspannungen auf der Körpervorderseite, Einsatz der Gesäßmuskulatur und der Oberschenkelrückseite während der Hüftstreckung, verbesserte Stabilisierung der Hüfte.

Anfangs mit gebeugten Knien auf den Rücken legen und die Füße etwa 15 bis 20 Zentimeter von der Gesäßmuskulatur entfernt auf den Boden setzen Ⓐ. Nun die Gesäßmuskulatur anspannen, das Steißbein etwas strecken und nach oben schieben und die Hüfte anheben Ⓑ.

Darauf achten, dass die Hüfte in Position bleibt und die Knie immer 15 bis 20 Zentimeter voneinander entfernt sind. Dann nacheinander die Knie anheben, um mit den Füßen auf der Stelle zu laufen Ⓒ, Ⓓ.

Dabei versuchen, die Füße sanft am Boden aufzusetzen, statt damit aufzustampfen.

Während der gesamten Übung darf sich die Hüfte nicht nach vorn und hinten oder von einer Seite zur anderen bewegen. Weiterhin einen Schritt nach dem anderen ausführen, bis die angegebene Wiederholungszahl erreicht ist.

ZIELMUSKULATUR

Unterer Rücken, Gesäßmuskulatur, Oberschenkelrückseite

5 SCHULTERBLATTPRESSEN IM LIEGESTÜTZ

ZIEL > Korrektur des für Radfahrer typischen Rundrückens. Öffnung des Brustraums zur Erleichterung der Atemaktivität, verbesserte Stabilisierung der Schulterpartie.

Begib dich für diese Übung zunächst in den Liegestütz. Dafür die Hände direkt unterhalb der Schultern aufsetzen. Die Füße sind 25 bis 30 Zentimeter voneinander entfernt Ⓐ.

Die Arme gerade halten, die Schulterblätter am Rücken erst nach unten ziehen, dann

zusammenpressen Ⓑ. Dabei keinen Hohlrücken im Lendenwirbelbereich machen und das Kinn nicht nach vorne schieben.

Die Spannung über die angegebene Dauer halten und dann die Schultern wieder lockern.

ZIELMUSKULATUR

Mittlerer Rücken

6   SCHERENSCHLAG

ZIEL > Verbesserte Aktivierung der quer verlaufenden Bauchmuskulatur, Linderung chronischer Schmerzen im unteren Rücken.

In der Abwärtsbewegung musst du bei dieser Übung die Beine komplett gerade halten.

Leg dich zunächst auf den Rücken und streck beide Beine hoch zur Decke Ⓐ. Die Zehen leicht nach unten ziehen, sodass die Fußsohlen parallel zum Boden laufen. Ist die Oberschenkelrückseite verspannt, musst du unter Umständen die Knie leicht beugen.

Halte das linke Bein gerade, während du das rechte Bein absenkst Ⓑ, um mit der rechten Ferse den Boden zu berühren Ⓒ. Das rechte Bein beim Absenken nach Möglichkeit nicht beugen.

Jetzt unter Einsatz der unteren Bauchmuskulatur das rechte Bein wieder zurück in die Ausgangsposition führen. Darauf achten, dass der Oberkörper, der Hals und der Kopf die ganze Zeit über entspannt sind.

Die Übung mit dem linken Bein wiederholen. Auf die Art wechselseitig fortfahren, bis die angegebene Anzahl an Wiederholungen absolviert ist.

ZIELMUSKULATUR

Quer verlaufende BM

7 | UNTERKÖRPER-CRUNCH

ZIEL > Verbesserte Aktivierung der quer verlaufenden Bauchmuskulatur, kontrolliertes Abbremsen aller Bauchmuskeln.

Zunächst in die normale Crunch-Position auf den Boden kommen. Dafür mit dem Rücken am Boden die Knie beugen und die Füße hüftbreit voneinander entfernt 15 bis 20 Zentimeter vor dem Gesäß aufsetzen Ⓐ.

Den Oberkörper komplett entspannen und dann mit aktivierter quer verlaufender Bauchmuskulatur die Knie hoch zum Brustkorb führen Ⓑ. Stell dir vor, du würdest die Wirbel einzeln hintereinander anheben beziehungsweise bei der Rückkehr in die Ausgangsposition wieder nacheinander am Boden ablegen. Auf die Art fortfahren, bis die angegebene Anzahl an Wiederholungen absolviert ist.

ZIELMUSKULATUR

Quer verlaufende BM

8 OBERKÖRPERDREHUNG IM SITZEN

ZIEL > Erhöhung der Rotationskraft und Stabilität der schrägen Bauchmuskulatur, Beibehaltung der Spannung in der Brustmuskulatur während der Drehung des Oberkörpers.

Setz dich mit gebeugten Knien auf eine Übungsmatte oder einen Teppich. Die Fersen berühren leicht den Boden. Den Brustkorb anheben, die Schulterblätter nach hinten ziehen und zusammenpressen.

Den Hals in neutraler Ausrichtung in Verlängerung der Wirbelsäule halten.

Jetzt den Oberkörper leicht zurücklehnen, bis die Bauchmuskulatur zu zittern beginnt

A. Den Brustkorb angehoben behalten und die Schultern nicht runden. Stell dir vor, du würdest in den Händen eine Stange quer vor dem Brustkorb halten. Aus dieser Position heraus den Oberkörper abwechselnd nach links und rechts drehen B C, bis die angegebene Anzahl an Wiederholungen absolviert ist.

ZIELMUSKULATUR

Schräge BM

9 SEITSTÜTZ

ZIEL > Erhöhte Kraft und verstärkte Aktivierung der inneren schrägen Bauchmuskulatur.

Erinnerst du dich noch an die Variation von Stufe I? Ab jetzt trainierst du sozusagen ohne Stützräder, sprich, ohne das untere Knie am Boden aufzusetzen.

Begib dich auf die rechte Flanke und setz den rechten Unterarm am Boden auf. Der rechte Ellbogen befindet sich direkt unterhalb der rechten Schulter Ⓐ. Die Beine gerade halten und die Füße übereinanderlegen. Den Körper von der linken Schulter bis hinunter zum linken Fußgelenk gerade ausrichten. Darauf achten, die Hüfte etwas nach vorn herauszunehmen, das Steißbein zu strecken und nach vorn zu schieben. Die

Ohren befinden sich direkt oberhalb der Schultern.

Die linke Hand jetzt auf die Hüfte setzen. Wenn du etwas mehr Stabilität brauchst, kannst du sie auch vor dem Brustkorb auf dem Boden platzieren. Mit dem rechten Unterarm Druck auf den Boden ausüben, um die Hüfte anzuheben Ⓑ. Das Ziel besteht darin, die Hüfte so weit wie möglich anzuheben.

Die Übung auf der anderen Seite wiederholen und so lange fortfahren, bis die angegebene Anzahl an Wiederholungen absolviert ist.

ZIELMUSKULATUR

Schräge BM

10 AUSFALLSCHRITT ÜBER KREUZ

ZIEL > Verbesserte Fähigkeit des mittleren Gesäßmuskels und der seitlichen Hüftmuskulatur zur Stabilisierung des Beckens in der Sagittalebene (von einer Seite zur anderen).

Im aufrechten Stand die Füße hüftbreit auseinandersetzen und die Hände auf den Hüften platzieren. Auf eine saubere Haltung des Oberkörpers achten A . Jetzt den rechten Fuß im 45-Grad-Winkel nach hinten links setzen, um in den schrägen Ausfallschritt zukommen.

Dabei beide Knie stark beugen (allerdings nicht mehr als jeweils 90 Grad) B .

In die Ausgangsposition zurückkehren C und die angegebene Zahl an Wiederholungen auf der betreffenden Seite abschließen. Dann die andere Seite trainieren D .

ZIELMUSKULATUR

Gesäß, Oberschenkelrückseite, Quadrizeps, seitliche Hüftmuskulatur

11 ▸ GRIFF ZUR WASSERFLASCHE

ZIEL > Erhöhung der dynamischen Balance und Stabilisierung der Core-Muskulatur in der Bewegung.

Als Radfahrer kennst du die Situation: Es kommt eine schöne flache Abfahrt mit fünf Prozent Gefälle, und du hast endlich Zeit, einen Schluck aus der Wasserflasche zu nehmen, bevor es an den nächsten Anstieg geht. Du nimmst die rechte Hand vom Lenker und streckt sie nach unten zur Wasserflasche ... die allerdings nicht so einfach greifbar zu sein scheint. Dein Blick schweift für einen kurzen Moment von der Straße ab, weil nach unten schaust und herausfinden willst, wo genau die Flasche steckt. Als du wieder hochschaust, stellst du fest, dass du drei Meter nach links auf die Gegenfahrbahn abgedriftet und gerade auf Kollisionskurs bist. Zeit, etwas für die Balance und Stabilität zu tun!

Setz im Liegestütz die Hände direkt unter den Schultern auf den Boden. Die Füße sind 20 bis 25 Zentimeter voneinander entfernt,

das Steißbein ist leicht nach unten und hinten gestreckt Ⓐ.

Nun langsam und kontrolliert die rechte Hand anheben und unter dem Körper hindurch zum linken Bein führen – so, als wolltest du auf dem Rad zur Wasserflasche greifen Ⓑ.

Im Anschluss die rechte Hand wieder auf den Boden setzen Ⓒ und dieselbe Bewegung mit Links absolvieren Ⓓ. Auf die Art wechselseitig fortfahren, bis die angegebene Anzahl an Wiederholungen absolviert ist.

Die Aufgabe besteht darin, das Mitwippen der Hüften und Schultern zu minimieren, während sich der Arm bewegt. Versuch, die erste Hälfte des Satzes ohne Kopf- und Halsbewegung durchzuziehen und in der zweiten Hälfte mit den Augen die Bewegung deiner Hand zu verfolgen.

ZIELMUSKULATUR

Quer verlaufende BM, Schulterpartie, Stützmuskulatur der Wirbelsäule

12 BREITBEINIGER BERGSTEIGER

ZIEL > Erhöhung der dynamischen Balance und Stabilisierung der Core-Muskulatur, während der Unterkörper in Bewegung ist.

Ein langer, steiler Anstieg ist eine Herausforderung für die Muskeln, die Ausdauer und die Psyche. Dasselbe gilt für diese Übung. Wenn du damit fertig bist, wirst du dich fühlen wie ein Bergsteiger, der gerade den Gipfel erreicht hat.

Setz im Liegestütz die Hände direkt unter den Schultern auf den Boden. Die Füße sind 20 bis 25 Zentimeter voneinander entfernt, das Steißbein ist leicht nach unten und hinten gestreckt Ⓐ.

Den linken Fuß langsam und kontrolliert anheben, das linke Knie beugen und zum

linken Ellbogen führen Ⓑ. Die Schultern und die Hüfte ruhig und parallel zum Boden halten.

Anschließend den linken Fuß in die Ausgangsposition zurücksetzen und die Beine wechseln Ⓒ. Auf die Art wechselseitig fortfahren, bis die angegebene Anzahl an Wiederholungen absolviert ist.

Die Übung kannst du auch im Unterarmstütz durchführen, falls du mehr Stabilität brauchst.

ZIELMUSKULATUR

Quer verlaufende BM, Schulterpartie, Stützmuskulatur der Wirbelsäule

13 ▶ UNTERARMSTÜTZ MIT ABSETZEN

ZIEL > Gleichmäßige Beanspruchung aller Core-Muskeln, verbesserte intramuskuläre Koordination zwischen oberem und unterem Rücken sowie unterer Bauchmuskulatur.

Da du mittlerweile den Unterarmstütz von Stufe I beherrschst, wird es Zeit, einen Gang hochzuschalten.

Begib dich dafür zunächst in den normalen Unterarmstütz Ⓐ. Die Ellbogen befinden sich direkt unterhalb der Schultern, die Füße sitzen 20 bis 25 Zentimeter voneinander entfernt mit den Zehen am Boden auf.

Den Nacken lang machen und den Kopf in einer neutralen Position halten. Der Blick geht dafür gerade nach unten. Jetzt hinter dem Rücken die Schulterblätter leicht

zusammenpressen. Der obere Rücken sollte nicht gerundet sein. Auch der untere Rücken sollte keine übermäßige Rundung und kein Hohlkreuz aufweisen.

Hüfte und Schulterpartie ruhig halten und parallel zum Boden ausrichten. Das rechte Knie dann langsam zum Boden sinken lassen, ohne dass dabei die Hüfte mitwippt oder wackelt Ⓑ. Das rechte Knie zurück in die Ausgangsposition führen und anschließend das linke Knie absenken Ⓒ.

Auf die Art wechselseitig fortfahren, bis die angegebene Anzahl an Wiederholungen absolviert ist.

ZIELMUSKULATUR

Gesamter Core

14 ▸ KNIEBEUGEN MIT ERHOBENEN ARMEN

ZIEL > Bessere Unterstützung der gesamten Wirbelsäule in der Bewegung durch die Core-Muskulatur, Aktivierung der Gesäßmuskulatur und der Oberschenkelrückseite, um eine Überlastung des Quadrizeps zu vermeiden.

In der Trainingswissenschaft wird die Kniebeuge mit über dem Kopf ausgestreckten Armen als Diagnosemittel für Haltungsfehler und falsche Bewegungsmuster des Körpers genutzt. Bei der Übung müssen die großen Muskelgruppen des Unterkörpers, des Core und des Oberkörpers zusammenarbeiten. Wenn mit der Muskelaktivierung in einem Körperteil etwas nicht stimmt, zeigt sich dies sofort und an unterschiedlichen Punkten der kinetischen Kette.

Begib dich mit hüftbreit voneinander entfernten Füßen in den aufrechten Stand Ⓐ. Dann beide Arme nach oben zur Decke strecken, ohne die Ellbogen zu beugen Ⓑ. Die quer verlaufende Bauchmuskulatur anspannen.

Hierzu das Steißbein etwas nach unten und vorne strecken und die untere Bauchmuskulatur nach hinten zur Wirbelsäule ziehen.

Nun mit angespannter Core-Muskulatur langsam in die Kniebeuge gehen. Hierfür zuerst das Gesäß etwas nach hinten herausnehmen, um den Körper dann zum Boden sinken zu lassen Ⓒ. Der Großteil des Körpergewichts sollte auf die Fersen verteilt sein. Die Knie sollten sich indes nicht weiter nach vorn bewegen als bis zu den Zehenspitzen. Im Anschluss wieder in die Ausgangsposition zurückkehren und fortfahren, bis die angegebene Wiederholungszahl erreicht ist.

Falls du unabsichtlich das Gewicht auf die Zehen verlagerst und die Arme nach vorne fallen lässt, versuch es mit einem Stuhl, den du hinter dir aufstellst.

ZIELMUSKULATUR

Gesamter Core

15 UNTERARMSTÜTZ MIT KRAXELN

ZIEL > Beanspruchung der gesamten Core-Muskulatur in einer Haltung, die der Fahrposition auf dem Rad ähnelt.

Der letzte Kilometer des Zeitfahrens (oder deiner Samstagstour mit deinen Freunden) liegt vor dir. Du trittst noch einmal so richtig in die Pedale, um einen starken Abschluss hinzulegen. Dein kompletter Core ist angespannt, sämtliche Stützmuskeln leisten Schwerstarbeit, während deine Arme kräftig am Lenker zerren. Mit dieser Übung holst du auch noch die letzten Reserven an Kraft und Ausdauer heraus. Dein Core lernt dabei, stillzuhalten, während deine Arme nach vorn und hinten rutschen.

Schnapp dir für diese Übung zwei kleine Handtücher. Begib dich zunächst einmal in den einfachen Unterarmstütz. Setz dafür die Ellbogen auf die Handtücher Ⓐ.

Jetzt ohne Bewegung des Oberkörpers oder Neigung der Hüfte den rechten Unterarm langsam etwas weniger als zehn Zentimeter nach vorn schieben und den linken Unterarm um dieselbe Länge nach hinten ziehen Ⓑ.

Mit dem wechselseitigen Schieben und Ziehen fortfahren und dabei den Körper so ruhig wie möglich halten Ⓒ.

ZIELMUSKULATUR

Gesamter Core

KAPITEL 8

Workouts und Übungen Stufe 3

Wenn du bereit für Stufe 3 bist, hast entweder die Programme der Stufen 1 und 2 jeweils mindestens vier Wochen lang durchgehalten, oder du verfügst bereits über eine hammermäßige Core-Muskulatur. Im letzteren Fall solltest du dir die Anforderungen auf Seite 90 ansehen. So stellst du sicher, dass du wirklich bereit für die dritte Stufe bist. Die Übungen sind nämlich anspruchsvoller, als sie auf den ersten Blick erscheinen mögen.

Stufe 3 bietet dir fünf Programme, die ein hohes Niveau neuromuskulärer Kontrolle, Ausdauer und Power erfordern. Das dynamische Warm-up ist identisch zu dem der vorherigen Stufen. Doch die Übungen des Workout-Abschnitts stellen eine weit größere Herausforderung dar. Die Gesamtzahl der Sätze und Wiederholungen ist höher, der Rhythmus ist etwas schneller, und die Pausen sind kürzer. Mit anderen Worten: Jetzt geht es ans Eingemachte.

Es mag ungewöhnlich erscheinen, dass Workout 1 zur Verletzungsprävention/Reha auf dieser Niveaustufe weiterhin beibehalten wird. Doch viele erfahrene Radfahrer brauchen diese Art des Trainings als Rückendeckung, falls mitten in der Saison eine Verletzung auftritt. Dies ist das einzige Workout der Stufe 3, in dem das Tempo niedriger ist und die Pausen länger sind. Beides ermöglicht es dir, dich voll auf die saubere Ausrichtung der Gelenke und die Aktivierung der anvisierten Muskulatur zu achten.

Das Workout 2 zur Haltungskorrektur der Stufe 3 ist das meistgehasste Trainingselement unter Radfahrern. Dennoch ist es unverzichtbar. Schließlich ist nicht zu verleugnen, dass einige der besten Radfahrer der Welt mit einer schrecklichen Haltung durch die Gegend laufen. Die harte Realität ist eben, dass im Radsport der Körper stundenlang in eine ungesunde Position hineingezwungen wird. Wenn du vorhast, deine Leistungen auf dem Rad zu verbessern, verdammst du dich damit praktisch selbst lebenslang zum Kampf gegen eine ungesunde Haltung. Wenn Tommy nach den ganzen Radsportevents aus Europa zurückkehrt, leitet er die Trainingsphase der Saisonpause mit Workout 2 ein.

Extrem schwierig ist das Programm für die Stabilität und Beherrschung des Fahrrads beim Workout 3. Es ist dazu ausgelegt, tückische Fahr- und Streckenbedingungen nachzustellen, die schnelle Reaktionen und die Fähigkeit erfordern, das Rad unabhängig von äußeren Krafteinwirkungen zu kontrollieren. Das Programm enthält drei Übungen für die Balance und Stabilität sowie drei für den gesamten Core.

Beim Workout 4 für die Ausdauer handelt es sich um das längste Programm aller Niveaustufen. Du musst darin von jeder Übung drei Sätze mit sehr kurzen Pausen absolvieren. Als zusätzliche Schwierigkeit wurde die Zahl der Wiederholungen bei einigen Übungen auf 20 erhöht. Das letztendliche Ziel besteht hier zwar darin, die Zeitspanne bis zur Ermüdung zu verlängern. Dies sollte allerdings nicht auf Kosten der Form gehen. Versuch, das Workout technisch

TOMMY IN AKTION

Eine meiner Stärken ist das Herauskommen aus dem Sattel am Berg. Als ich bemerkte, dass die Technik in einigen Bereichen verbesserungswürdig war, wandte ich mich mit meinen Bedenken an Allison. Ich bat sie, eine Übung für mich zu entwerfen, die mir zu einer besseren Beschleunigung verhilft, wenn ich aus dem Sattel herausgehe. Dabei kam sie auf die Übung, die wir „Griff zum Energiegel" tauften und die Teil von Stufe 3 ist. Der Ablauf hilft, die Kraft der inneren schrägen Bauchmuskulatur zu erhöhen, während du den Körper im Gleichgewicht hältst – genau, was ich brauche, wenn ich aufstehe. Nach nur ein paar Wochen mit dieser neuen Übung stellte ich eine direkte Verbesserungen meiner Technik am Berg fest!

sauber abzuschließen. Es ist besser, 12 Wiederholungen mit perfekter Technik als 20 mit einer schwachen Form zu absolvieren.

Workout 5 der Stufe 3 ist das ultimative leistungssteigernde Krafttraining für die Core-Power. Wenn du dieses Workout technisch sauber schaffst, verfügst du wirklich über die optimale Kraft im Core. Du musst dann nur noch deine Fitness auf die Straße bringen, um die Konkurrenz stehen zu lassen!

STUFE 3, WORKOUT 1 — VERLETZUNGSPRÄVENTION/REHA

ZIEL > Reduzierung der Schmerzen, Erhöhung der neuromuskulären Effektivität, Behebung seit längerer Zeit bestehender Probleme mit dem Muskelgleichgewicht, welche Verletzungen hervorrufen.

TYP	ÜBUNG	ZIELMUSKULATUR	SÄTZE	WH	RHYTHMUS	PAUSE
DYNAMISCHES WARM-UP	Dehnung des unteren Rückens im Türrahmen (S. 85)	Unterer Rücken, schräge BM	I	Je 3 nach oben und unten pro Seite	3/3	–
	Mondsichel im Türrahmen (S. 87)	Schräge BM, Latissimus, Schultern, seitliche Hüftmuskulatur	I	I0 pro Seite	3/3	–
	Liegende 4 (S. 88)	Unterer Rücken, Gesäß, seitliche Hüftmuskulatur	I	I0 pro Bein	2/2	–
WORKOUT	Arm-/Beinheben im Liegestütz (S. 162)	Unterer, mittlerer und oberer Rücken, großer Gesäßmuskel	3	I0 pro Seite	I/I	30 Sekunden
	Rückenstreckung mit den Händen unterm Kinn (S. 163)	Unterer, mittlerer und oberer Rücken	3	I5	2/2	30 Sekunden
	Raupe (S. 166)	Quer verlaufende BM	3	I5	2/2	30 Sekunden
	Beinspreizen im Liegestütz (S. 170)	BM, seitliche Hüftmuskulatur	3	I0 pro Bein	I/I	30 Sekunden

HÄUFIGKEIT > 3- bis 5-mal pro Woche **WORKOUT-GESAMTDAUER** > I8 Minuten

STUFE 3, WORKOUT 2 > HALTUNGSKORREKTUR

ZIEL > Korrektur muskulärer Verspannungen und Schwächen, Verbesserung der Beweglichkeit in den Gelenken, optimale Ausrichtung der Wirbelsäule.

TYP	ÜBUNG	ZIELMUSKULATUR	SÄTZE	WH	RHYTHMUS	PAUSE
DYNAMI-SCHES WARM-UP	Streckung von Oberschenkel-vorder- und -rückseite (S. 84)	Quadrizeps, Oberschenkel-rückseite, Gesäß, Waden	1	10 pro Bein	3/3	–
	Bruststreckung an der Wand (S. 86)	Schultern, Brust	1	10 pro Arm	3/3	–
	Mondsichel im Türrahmen (S. 87)	Schräge BM, Latissimus, Schul-tern, seitliche Hüftmuskulatur	1	10 pro Seite	3/3	–
WORKOUT	Arm-/Beinheben im Liegestütz (S. 162)	Unterer, mittle-rer und oberer Rücken, großer Gesäßmuskel	3	10 pro Seite	1/1	30 Sekunden
	Scheibenwischer (S. 164)	Unterer und mittlerer Rücken, Gesäß, schräge BM	3	15	2/2	30 Sekunden
	Umgedrehtes Klappmesser (S. 165)	Quer verlaufende BM	3	15	2/2	30 Sekunden
	Griff zum Ener-giegel (S. 169)	Schräge BM	3	10 pro Seite	1/1	30 Sekunden
	Seitstütz mit Armstreckung und Rotation (S. 176)	Gesamter Core	3	10 pro Seite	1/1	30 Sekunden

HÄUFIGKEIT > 3- bis 5-mal pro Woche   **WORKOUT-GESAMTDAUER >** 22 Minuten

STUFE 3, WORKOUT 3 — STABILITÄT UND BEHERRSCHUNG DES FAHRRADS

ZIEL > Verbesserung der statischen und dynamischen Stabilisierung der gesamten Core-Muskulatur, Erhöhung der Muskelreaktion und Verbesserung der intramuskulären Koordination.

TYP	ÜBUNG	ZIELMUSKULATUR	SÄTZE	WH	RHYTHMUS	PAUSE
DYNAMI-SCHES WARM-UP	Dehnung des unteren Rückens im Türrahmen (S. 85)	Unterer Rücken, schräge BM	1	10 pro Seite	3/3	–
	Bruststreckung an der Wand (S. 86)	Schultern, Brust	1	10 pro Arm	3/3	–
	Mondsichel im Türrahmen (S. 87)	Schräge BM, Latissimus, Schultern, seitliche Hüftmuskulatur	1	10 pro Seite	3/3	–
WORKOUT	Blick über die Schulter (S. 171)	Schräge und quer verlaufende BM, unterer Rücken	3	10 pro Seite	1/1	30 Sekunden
	Einbein-Kreuzheben (S. 172)	Gesäß, Oberschenkelrückseite, unterer Rücken	3	10 pro Seite	2/2	30 Sekunden
	Einbein-Kniebeugen (S. 173)	Gesäß, Oberschenkelrückseite, Quadrizeps	3	10 pro Bein	2/2	30 Sekunden
	Knieheben über Kreuz im Unterarmstütz (S. 174)	Gesamter Core	3	10 pro Seite	1/1	30 Sekunden
	Beinspreizen im Unterarmstütz (S. 175)	Gesamter Core	3	15	So schnell wie möglich	30 Sekunden

HÄUFIGKEIT > 2- bis 3-mal pro Woche   **WORKOUT-GESAMTDAUER** > 22 Minuten

STUFE 3, WORKOUT 4 > AUSDAUER

ZIEL > Verbesserung der muskulären Ausdauer und Effektivität im Core und Verlängerung des Stehvermögens bis zur Erschöpfung.

TYP	ÜBUNG	ZIELMUSKULATUR	SÄTZE	WH	RHYTHMUS	PAUSE
DYNAMI-SCHES WARM-UP	Streckung von Oberschenkel-vorder- und -rückseite (S. 84)	Quadrizeps, Ober-schenkelrücksei-te, Gesäß, Waden	1	10 pro Bein	3/3	–
	Bruststreckung an der Wand (S. 86)	Schultern, Brust	1	10 pro Arm	3/3	–
	Mondsichel im Türrahmen (S. 87)	Schräge BM, Latissimus, Schul-tern, seitliche Hüftmuskulatur	1	10 pro Seite	3/3	–
WORKOUT	Rückenstreckung mit den Händen unterm Kinn (S. 163)	Unterer, mittle-rer und oberer Rücken	3	15	1/1	15 Sekunden
	Raupe (S. 166)	Quer verlaufende BM	3	15	2/2	15 Sekunden
	Seitstütz mit Hüftheben und -senken (S. 168)	Schräge BM, seitliche Hüftmuskulatur	3	15 pro Seite	1/1	15 Sekunden
	Griff zum Ener-giegel (S. 169)	Schräge BM	3	15 pro Seite	1/1	15 Sekunden
	Einbein-Kreuz-heben (S. 172)	Gesäß, Ober-schenkelrückseite, unterer Rücken	3	15 pro Bein	2/2	15 Sekunden
	Knieheben über Kreuz im Unter-armstütz (S. 174)	Gesamter Core	3	15 pro Bein	1/1	15 Sekunden

HÄUFIGKEIT > 2- bis 3-mal pro Woche   **WORKOUT-GESAMTDAUER** > 27 Minuten

STUFE 3, WORKOUT 5 — TOMMY DS TRAINING ZUR LEISTUNGSOPTIMIERUNG

ZIEL > Aufbau der größtmöglichen Kraft im Core, Erhöhung des Energieumsatzes, Steigerung der Muskelausdauer, Erhöhung der Chance, an der Alpe d'Huez mit Tom mithalten zu können.

TYP	ÜBUNG	ZIELMUSKULATUR	SÄTZE	WH	RHYTH-MUS	PAUSE
DYNAMI-SCHES WARM-UP	Dehnung des unteren Rückens im Türrahmen (S. 85)	Unterer Rücken, schräge BM	1	3 pro Seite	3/3	–
	Mondsichel im Türrahmen (S. 87)	Schräge BM, Latissimus, Schultern, seitliche Hüftmuskulatur	1	10 pro Seite	3/3	–
	Liegende 4 (S. 88)	Unterer Rücken, Gesäß, seitliche Hüftmuskulatur	1	10 pro Bein	3/3	–
WORKOUT	Umgedrehtes Klappmesser (S. 165)	Quer verlaufende BM	3	10	2/2	30 Sekunden
	Käfer-Crunch (S. 167)	Schräge, gerade und quer verlaufende BM	3	10 pro Seite	1/1	30 Sekunden
	Blick über die Schulter (S. 171)	Schräge und quer verlaufende BM, unterer Rücken	3	10 pro Seite	1/1	30 Sekunden
	Einbein-Kniebeugen (S. 173)	Gesäß, Oberschenkelrückseite, Quadrizeps	3	10 pro Bein	2/2	30 Sekunden
	Beinspreizen im Unterarmstütz (S. 175)	Gesamter Core	3	30	So schnell wie möglich	30 Sekunden

HÄUFIGKEIT > 3- bis 4-mal pro Woche   **WORKOUT-GESAMTDAUER >** 23 Minuten

Erklärung der Übungen (Stufe 3)

Hast du es bis hierher geschafft, hast du dir deinen starken und kräftigen Core hart erarbeitet. Du bist jetzt bereit für eine neue Dimension der Effektivität und Leistungsfähigkeit. Du kannst auf Stufe 3 weiterhin an der Korrektur von Fehlhaltungen und an lästigen Verletzungen arbeiten. Du nutzt hierfür allerdings Übungen, die mehr neuromuskuläre Kontrolle erfordern, als dies auf Stufe 1 und 2 der Fall war. Auf der höchsten Niveaustufe wird auch die schräge Bauchmuskulatur etwas stärker in die Mangel genommen. Dies ist möglich, weil die Wirbelsäule jetzt stärker drehbar und über ein größeres Bewegungsausmaß hinweg beanspruchbar ist.

Allgemein besteht das Ziel auf Stufe 3 darin, den Core mit Übungen zu fordern, welche den Bewegungsabläufen auf dem Rad nachgebildet sind. Du weißt jetzt schon, wie du deine quer verlaufende Bauchmuskulatur aktivierst und den gesamten Körper mit nur einer Hand oder einem Fuß am Boden stabilisierst. Zur Weiterentwicklung wirst du auf diesem Niveau gleich mehrere Muskeln und Gelenke in verschiedenen Bewegungsebenen einsetzen. Um erfolgreich zu sein, muss ein Radsportler schnell auf äußere Anforderungen reagieren und die richtigen Muskelgruppen anspannen können. Er muss agieren können, ohne groß nachdenken zu müssen. Die Übungen der Stufe 3 helfen dir, in Sekundenbruchteilen die Bestleistung deiner Core-Muskulatur abzurufen. So wirst du zum besseren Sportler. Dein Verletzungsrisiko sinkt, und du wirst der Konkurrenz davonziehen.

ÜBUNGEN STUFE 3

NUMMER DER ÜBUNG		NAME DER ÜBUNG	ZIELMUSKULATUR
1		Arm-/Beinheben im Liegestütz	Unterer, mittlerer und oberer Rücken, großer Gesäßmuskel
2		Rückenstreckung mit den Händen unterm Kinn	Unterer, mittlerer und oberer Rücken
3		Scheibenwischer	Unterer Rücken, Gesäß, schräge BM
4		Umgedrehtes Klappmesser	Quer verlaufende BM
5		Raupe	Quer verlaufende BM
6		Käfer-Crunch	Schräge, gerade und quer verlaufende BM
7		Seitstütz mit Hüftheben und -senken	Schräge BM, seitliche Hüftmuskulatur
8		Griff zum Energiegel	Schräge BM

Fortsetzung auf der nächsten Seite »

ÜBUNGEN STUFE 3 (Fortsetzung)

NUMMER DER ÜBUNG		NAME DER ÜBUNG	ZIELMUSKULATUR
9		Beinspreizen im Liegestütz	BM, seitliche Hüftmuskulatur
10		Blick über die Schulter	Schräge und quer verlaufende BM, unterer Rücken
11		Einbein-Kreuzheben	Gesäß, Oberschenkelrückseite, unterer Rücken
12		Einbein-Kniebeugen	Gesäß, Oberschenkelrückseite, Quadrizeps
13		Knieheben über Kreuz im Unterarmstütz	Gesamter Core
14		Beinspreizen im Unterarmstütz	Gesamter Core
15		Seitstütz mit Armstreckung und Rotation	Gesamter Core

ARM-/BEINHEBEN IM LIEGESTÜTZ

ZIEL > Verbesserung der intramuskulären Koordination zwischen dem Core und den Extremitäten, Einsatz des großen Gesäßmuskels bei der Hüftstreckung, dynamische Stabilisierung auf der gesamten Länge der Wirbelsäule.

Anfangs im Liegestütz die Hände direkt unterhalb der Schultern auf den Boden setzen. Der Abstand zwischen den Füßen beträgt 20 bis 25 Zentimeter, das Steißbein ist etwas nach unten gestreckt Ⓐ . Hüfte und Schulterpartie parallel zum Boden ausrichten, dann den rechten Fuß und die linke Hand gleichzeitig anheben Ⓑ .

Die Fingerspitzen der linken Hand so weit wie möglich nach vorne, die Ferse des rech-

ten Fußes so weit wie möglich nach hinten strecken. Die Gesäßmuskulatur in der rechten Gesäßhälfte anspannen. Anschließend die Hand und den Fuß gleichzeitig wieder am Boden absetzen.

Die Übung auf der anderen Seite wiederholen Ⓒ . Auf die Art wechselseitig fortfahren, bis die angegebene Anzahl an Wiederholungen absolviert ist.

ZIELMUSKULATUR

Unterer, mittlerer und oberer
Rücken, großer Gesäßmuskel

2 · RÜCKENSTRECKUNG MIT DEN HÄNDEN UNTERM KINN

ZIEL > Erhöhung der Kraft und des Bewegungsausmaßes der gesamten Wirbelsäule.

Das Rückenstrecken ist eine Übung, die dem Superman der Stufen 1 und 2 stark ähnelt. Bei dieser Variante werden allerdings die Hände unters Kinn geschoben.

Leg dich mit dem Gesicht nach unten auf den Boden und schiebe beide Hände unters Kinn. Die Ellbogen dabei seitlich weit nach außen führen Ⓐ. Den Kopf aus den Schultern herausnehmen. Hierfür die Schulterblätter von den Ohren weg nach unten in Richtung Taille ziehen.

Die Gesäßmuskulatur leicht anspannen und langsam damit beginnen, die Füße und den Oberkörper anzuheben Ⓑ.

Während des gesamten Bewegungsablaufs die Hände am Kinn behalten, ohne jedoch den Nacken nach hinten zu stauchen. Stell dir vor, du würdest am Scheitel und am Steißbein in entgegensetzte Richtungen gezogen. Sobald du mit den Händen und Füßen die obere Position etwa 15 bis 20 Zentimeter über dem Boden erreicht hast, den Körper langsam wieder nach unten sinken lassen.

In der Startposition jedes Mal den Körper neu ausrichten. Hierfür die Schulterblätter vor Einleitung der Hubphase immer wieder nach unten ziehen. Fahr mit der Übung fort, bis die angegebene Wiederholungszahl erreicht ist.

ZIELMUSKULATUR

Unterer, mittlerer und oberer Rücken

3 SCHEIBENWISCHER

ZIEL > Erhöhung von Kraft und Bewegungsausmaß im unteren Rücken, Anheben der Beine unter Einsatz der schrägen Bauchmuskulatur und der Gesäßmuskulatur statt mit Schwung.

Eine Abwandlung dieser Übung hast du bereits auf Stufe I kennengelernt: Bei Übung Nummer II, der Unterkörperdrehung im Liegen, hast du die Knie angewinkelt. Das Hauptaugenmerk lag dabei auf der schrägen Bauchmuskulatur. Bei dieser Version sind die Beine gestreckt, wodurch der Fokus neben der schrägen Bauchmuskulatur mit auf den unteren Rücken und das Gesäß verschoben wird.

Zu Beginn mit dem Rücken auf den Boden legen und die Beine in die Luft strecken. Die Knie und Fußgelenke dabei zusammenpressen.

Die Arme mit nach unten weisenden Handflächen seitlich herausführen, sodass der Körper ein „T" bildet A .

Mit den Händen Druck auf den Boden ausüben und dann die Beine im Bogen langsam nach links absenken B . Versuch, die Beine anfangs 30 bis 60 Zentimeter zur Seite zu bewegen C . Danach solltest du mit jeder Wiederholung dem Boden näherkommen D .

Sollte sich während dieser Übung dein unterer Rücken bemerkbar machen, beuge die Knie in Richtung Brustkorb.

ZIELMUSKULATUR

Unterer Rücken, Gesäß, schräge BM

4 UMGEDREHTES KLAPPMESSER

ZIEL > Verstärkte Aktivierung und Steigerung der Kraft in der quer verlaufenden Bauchmuskulatur, Einsatz der quer verlaufenden BM zur Stabilisierung des Oberkörpers, während die Beine in Bewegung sind.

Wer im Fernsehen gerne Turmspringen anschaut, wird in dieser Bewegung die gehechtete Haltung wiedererkennen. Für das Klappmesser berührst du mit den Händen die Zehen, während du die Hüfte weit nach oben steckst. Als Hilfestellung kannst du zwei kleine Handtücher verwenden, unter jedem Fuß eines.

Anfangs mit einem kleinem Handtuch unter jedem Fuß in die obere Position des Liegestützes kommen Ⓐ. Mit den Händen fest im Boden verwurzeln, die Wirbelsäule lang machen und dann die Füße langsam zu den Händen heranziehen Ⓑ. Das Ziel besteht darin, die Beine während des gesamten Ablaufs gestreckt zu halten. Ist die Oberschenkelrückseite jedoch verspannt, wirst du die Knie ein wenig beugen müssen. Sobald du die Füße so nah wie möglich an die Hände herangeführt hast Ⓒ, die Knie beugen und die Füße wieder zurück in die Startposition schieben. Auf die Art fortfahren, bis die angegebene Wiederholungszahl erreicht ist.

Ein weitverbreiteter Fehler bei dieser Übung besteht darin, die Füße am Ende der Vorwärtsbewegung ruckartig zu den Händen bewegen zu wollen. Wenn du auf diese Art mit Schwung arbeitest, umgehst du deine Core-Muskulatur. Versuch daher, dich kontrolliert und geschmeidig zu bewegen!

ZIELMUSKULATUR

Quer verlaufende BM

5 ▸ RAUPE

ZIEL > Verstärkte Aktivierung und Steigerung der Kraft in der quer verlaufenden Bauchmuskulatur, Einsatz der quer verlaufenden BM zur Stabilisierung des Oberkörpers, während die Beine in Bewegung sind.

Diese Übung ähnelt stark dem umgedrehten Klappmesser. Du setzt dabei allerdings die Hände auf die Handtücher, und nicht die Füße.

Anfangs mit einem kleinen Handtuch unter jeder Hand in die obere Position des Liege- stützes kommen Ⓐ. Die Position der Hände beibehalten und mit den Füßen so weit wie möglich nach vorn laufen Ⓑ. Versuch, die Beine so gerade zu halten, wie es die Muskulatur der Oberschenkelrückseite erlaubt Ⓒ.

Dann unter Einsatz der Core-Muskulatur beide Hände gleichzeitig nach vorne schie- ben Ⓓ, bis wieder die Ausgangsposition (die obere Liegestütz-Position) erreicht ist Ⓔ. Beweg dich auf die Art weiter wie eine Raupe fort, bis die angegebene Anzahl an Wiederholungen absolviert ist.

ZIELMUSKULATUR

Quer verlaufende BM

6 KÄFER-CRUNCH

ZIEL > Langsamer und kontrollierter Einsatz der Bauchmuskulatur statt ruckartiger Bewegungen.

Im ersten Teil des Buches haben wir immer wieder erwähnt, wie sinnlos Crunches sind. Es wird dich also zunächst überraschen, unter den Übungen den Käfer-Crunch zu finden. Der Hintergrund ist folgender: Wenn du die Übungen der Stufe 3 schaffst, bist du bereit, deine gerade Bauchmuskulatur kontrolliert und gezielt einzusetzen. Wichtig ist, diese Version des Crunches langsam auszuführen. So bekommt die gerade Bauchmuskulatur die Gelegenheit, sich auf die Streckung und Drehung der Wirbelsäule einzustellen.

Anfangs mit dem Rücken auf den Boden legen und die Hände hinter dem Kopf falten. Das rechte Knie um 90 Grad beugen und in die Position direkt oberhalb der Hüfte führen, sodass das rechte Schienbein parallel zum Boden läuft A .

Nun den Brustkorb anheben und den linken Ellbogen zum rechten Knie führen. Darauf achten, dabei nicht das rechte Knie weiter zum Brustkorb heranzuziehen. Es muss in der Position direkt oberhalb der rechten Hüftseite bleiben B .

Den Brustkorb angehoben behalten und das rechte Knie wieder gerade ausstrecken, um danach das linke Bein um 90 Grad zu beugen und heranzuziehen. Im Anschluss den rechten Ellbogen hinüber zum linken Knie führen C .

Auf die Art wechselseitig im gemächlichen Tempo und unter voller Kontrolle fortfahren. Die zentralen Punkte sind die Ausrichtung der Knie oberhalb der Hüfte sowie die Bewegung der Ellbogen zu den Knien.

ZIELMUSKULATUR

Schräge, gerade und quer verlaufende BM

7 SEITSTÜTZ MIT HÜFTHEBEN UND -SENKEN

ZIEL > Erhöhte Muskelkraft und -ausdauer in der schrägen Bauch- und der seitlichen Hüftmuskulatur.

Begib dich anfangs auf die rechte Körperseite. Den rechten Unterarm direkt unterhalb der rechten Schulter auf den Boden setzen. Die Beine gerade halten, die Füße übereinanderlegen und den Körper von der linken Schulter bis hinunter zum linken Fußgelenk gerade ausrichten. Darauf achten, die Hüfte etwas nach vorn herauszunehmen und das Steißbein etwas nach unten und vorn zu schieben. Die Ohren befinden sich direkt oberhalb der Schultern Ⓐ.

Jetzt die linke Hand auf die Hüfte setzen. Wenn du etwas mehr Stabilität brauchst,

kannst du sie auch vor dem Brustkorb auf dem Boden platzieren. Mit dem rechten Unterarm jetzt Druck auf den Boden ausüben, um die Hüfte anzuheben Ⓑ. Das Ziel besteht darin, die linke Hüftseite so weit wie möglich anzuheben.

Die Hüfte über die angegebene Satzlänge hinweg anheben und absenken Ⓒ. Bei jeder Hubphase versuchen, mit der oberen Hüftseite so weit wie möglich nach oben zu kommen. Die vorgegebene Wiederholungszahl auf der einen Seite abschließen und dann die Seiten wechseln.

ZIELMUSKULATUR

Schräge BM, seitliche Hüftmuskulatur

8 GRIFF ZUM ENERGIEGEL

ZIEL > Erhöhung der Rotationskraft und Verbesserung der Stabilität mit Hauptaugenmerk auf der inneren schrägen Bauchmuskulatur, Erhöhung der Kraftausdauer in der schrägen Bauchmuskulatur.

Diese Übung haben wir nach den beliebten Energiegels benannt, die unterwegs gerne zum Auffüllen der Kraftreserven genutzt werden. Dabei ist es wichtig, den Körper bei der Drehung zur Seite aufrecht zu erhalten, wenn du dir ein Gel aus der Tasche holst. Auch an den Verpflegungsstationen kommt dir der Bewegungsablauf zugute. Dort werden nämlich gern Beutel mit Lebensmitteln und Flüssigkeit verteilt, die du dir über die Schultern hängst und dann mit einer Drehbewegung erreichen musst. Durch die Konzentration auf die innere schräge Bauchmuskulatur ist dies auch ein hervorragendes Training zur Verbesserung der Rotationsstabilität, wenn du aus dem Sattel herausgehst.

Setz dich dafür anfangs mit gebeugten Knien hin. Die Fersen berühren leicht den Boden Ⓐ (für eine noch härtere Variante kannst du 15 Zentimeter Luft zwischen den Fersen und dem Boden lassen). Den Brustkorb anheben, die Schulterblätter nach hinten und unten ziehen. Den Hals in der neutralen Position in Verlängerung der Wirbelsäule halten.

Nun die linke Hand zur Faust ballen und damit gegen die rechte Handfläche drücken. Dabei beide Hände auf Höhe des Brustbeins etwa 15 Zentimeter vor dem Körper halten. Anschließend den Oberkörper so weit wie möglich nach rechts drehen, ohne die Beinposition zu ändern. Dabei den Druck der linken Faust in die rechte Handfläche beibehalten Ⓑ.

Wenn du deine Grenze erreicht hast, 15 Sekunden lang mit der linken Faust so stark wie möglich auf die rechte Handfläche drücken.

Am Ende wieder in die Mitte zurückkommen und die Seite wechseln. Diesmal mit der Faust der rechten Hand gegen die linke Handfläche drücken Ⓒ.

ZIELMUSKULATUR

Schräge BM

9 ▸ BEINSPREIZEN IM LIEGESTÜTZ

ZIEL > Verstärkte Aktivierung der Gesäßmuskulatur, Einsatz der Core-Muskulatur zur Stabilisierung des Schulter- und Hüftbereichs, während die Beine in Bewegung sind.

Mit kleinen Handtüchern unter den Füßen in die obere Position des Liegestützes gehen A . Darauf achten, dass sich die Schultern direkt unter den Händen befinden und das Steißbein leicht nach unten gezogen ist.

Jetzt ohne Bewegung des Oberkörpers oder der Hüfte den linken Fuß 60 bis 90 Zentimeter nach links verschieben B . Die Zehen weisen dabei zum Boden, während die linke Ferse zur Decke gerichtet ist.

Den linken Fuß wieder zurück in die Ausgangsposition bewegen und dieselbe Bewegung mit rechts ausführen C . Weiterhin abwechselnd beide Seiten trainieren, bis die angegebene Wiederholungszahl erreicht ist.

ZIELMUSKULATUR

BM, seitliche
Hüftmuskulatur

10 BLICK ÜBER DIE SCHULTER

ZIEL > Verbesserung der Balance, der Stabilität und intramuskulären Koordination sämtlicher Core-Muskeln, Reduzierungen des Sturzrisikos beim Blick über die Schulter.

Wolltest du an einem steilen Anstieg schon einmal den Kopf drehen, um zu sehen, wie viel Boden du gegenüber deinem lästigen Verfolger gutgemacht hast? Kennst du das Gefühl, dass du Angst davor hast, dabei das Gleichgewicht zu verlieren und vor der Konkurrenz den Asphalt zu küssen? Bei dieser Übung ist fast jeder Muskel der Core-Muskulatur beteiligt. Außerdem nutzt du das große Bewegungsausmaß, das du durch deine dynamischen Dehnübungen entwickelt hast.

Beginne im Liegestütz mit den Schultern direkt oberhalb der Hände. Das Steißbein ist leicht nach unten gestreckt Ⓐ. Jetzt

den rechten Fuß anheben, um das rechte Knie in Richtung des rechten Ellbogens zu führen und gleichzeitig nach hinten über die Schulter aufs Knie zu blicken.

Die Hüfte beim Schulterblick nicht nach oben strecken Ⓑ Ⓒ. Die rechte Körperflanke sollte sich dabei wölben.

In die Ausgangsposition zurückkehren und die Übung auf derselben Seite wiederholen, um die angegebene Anzahl an Wiederholungen zu absolvieren. Dann die Seiten wechseln.

ZIELMUSKULATUR

Schräge und quer verlaufende BM, unterer Rücken

11 ▶ EINBEIN-KREUZHEBEN

ZIEL > Verbesserte Balance und Stabilisierung in der gesamten Core-Muskulatur, Dehnung und Streckung der Oberschenkelrückseite.

Kreuzheben… War das nicht diese Gewichtheber-Übung? Ja, in der Tat nutzen auch Gewichtheber die Übung zum Training. Sie beladen allerdings vorher eine Stange mit ihrem vierfachen Körpergewicht. Die Einbein-Variante ohne Zusatzgewicht ist eine hervorragende Methode zur Verbesserung der Balance und Stabilität. Beim Einbein-Kreuzheben ist die Core-Muskulatur stets alarmbereit und angespannt.

Stell dich aufrecht mit einer sauberen Haltung hin. Streck dafür das Steißbein nach unten, heb den Brustkorb an, und zieh die Schulterblätter nach unten und hinten Ⓐ.

Jetzt die Hände in die Hüfte stemmen und den Oberkörper nach vorne neigen. Gleichzeitig

ZIELMUSKULATUR

Gesäß,
Oberschenkelrückseite,
unterer Rücken

den linken Fuß anheben Ⓑ. Der Schlüssel zum Erfolg bei der Einbein-Kniebeuge: Der Körper muss von den Schultern über die Hüfte bis hin zum angehobenen Bein eine gerade Linie bilden. Ein weitverbreiteter Fehler ist die Beugung des Körpers auf Hüfthöhe. Dadurch knickt der Oberkörper nach unten, ohne dass das hintere Bein nach oben kommt. Stell dir vor, dein Oberkörper und das nach hinten gestreckte Bein wären eine Wippe, die um die Hüftachse rotiert. Wenn sich der Oberkörper senkt, musst du das nach hinten gestreckte Bein zum Ausgleich entsprechend weit anheben Ⓒ.

Am Ende in die Ausgangsposition zurückkehren. Dafür gleichzeitig den Rumpf wieder anheben und das Bein sinken lassen. Die Core-Muskulatur bleibt die ganze Zeit über angespannt.

Nach Abschluss der angegebenen Wiederholungszahl auf der linken Seite die Beine wechseln, um die andere Seite zu trainieren.

Ⓐ   Ⓑ   Ⓒ

12 EINBEIN-KNIEBEUGEN

ZIEL > Verbesserte Fähigkeit der mittleren Gesäßmuskulatur zur Stabilisierung des Oberschenkelknochens in der sagittalen Ebene (d. h. in der seitlich durch den Körper hindurchlaufenden Ebene), effektiveres Abbremsen der Knie- und Hüftbeugung durch die hintere Oberschenkelmuskulatur.

Stell dich aufrecht mit einer sauberen Haltung hin. Streck dafür das Steißbein nach unten, heb den Brustkorb an, und zieh die Schulterblätter nach unten und hinten Ⓐ. Dann die Hände auf den Hüften platzieren und den rechten Fuß 15 bis 20 Zentimeter anheben Ⓑ.

Das Körpergewicht auf die linke Ferse verlagern und langsam die Hüfte nach hinten herausnehmen. Dabei das linke Knie beugen, um in die Kniebeuge zu kommen Ⓒ. Es ist äußerst schwer, bei der Einbein-Variante genauso weit nach unten zu kommen wie auf zwei Beinen.

Halte also an, sobald du das Gefühl hast, dass sich der Oberkörper nach vorne neigt oder das Knie des Standbeins weiter als bis zu den Zehen nach vorne wandert.

Bei Rückkehr in die Ausgangsposition die Gesäßmuskulatur des Standbeins anspannen.

Nach Abschluss der angegebenen Wiederholungszahl auf der ersten Seite die Beine wechseln, um die andere Seite zu trainieren Ⓓ, Ⓔ.

ZIELMUSKULATUR

Gesäß,
Oberschenkelrückseite,
Quadrizeps

13 ▶ KNIEHEBEN ÜBER KREUZ IM UNTERARMSTÜTZ

ZIEL > Verbesserte Balance und Stabilisierung auf der gesamten Länge der Wirbelsäule, erhöhte Flexibilität und vergrößertes Bewegungsausmaß an der Hüftseite.

Beginne im Liegestütz mit den Schultern direkt oberhalb der Hände. Das Steißbein ist leicht nach unten gestreckt Ⓐ.

Die Schultern bleiben während der gesamten Übung in der angestammten Position parallel zum Boden. Jetzt das linke Bein anheben, um das linke Knie schräg unter dem Körper hindurch zum rechten Ellbogen zu führen Ⓑ. Ganz richtig: Das linke Knie muss zum rechten Ellbogen.

Alle Wiederholungen abschließen und dann die andere Seite trainieren Ⓒ.

Als zusätzliche Herausforderung kannst du versuchen, den Fuß beim Ausstrecken des Beins zurück in die Ausgangsposition nicht wieder am Boden aufzusetzen. Spann stattdessen die Gesäßmuskulatur an und halte den Fuß in einer Höhe von etwa 15 Zentimetern über dem Boden in der Schwebe, bevor du das Knie erneut nach vorn ziehst.

ZIELMUSKULATUR

Gesamter Core

14 ▸ BEINSPREIZEN IM UNTERARMSTÜTZ

ZIEL > Einsatz der Core-Muskulatur unter Belastung zur Stabilisierung der Hüfte und der Wirbelsäule.

Setze die Unterarme auf den Boden, um in den Unterarmstütz zu kommen Ⓐ. Die Schultern befinden sich direkt oberhalb der Ellbogen, der Hals verläuft neutral in Verlängerung der Wirbelsäule, das Steißbein ist leicht nach unten gezogen.

Nun mit beiden Füßen gleichzeitig nach außen springen, ohne dabei die Hüfte

anzuheben Ⓑ. Im Anschluss wieder mit den Füßen zur Mitte springen Ⓒ. Das Geheimnis, um diese Übung sauber hinzubekommen: Halte die Hüfte weit unten, sodass das Becken durch die Core-Muskulatur gestützt wird. Auf die Weise fortfahren, bis die angegebene Wiederholungszahl erreicht ist.

ZIELMUSKULATUR

Gesamter Core

15 SEITSTÜTZ MIT ARMSTRECKUNG UND ROTATION

ZIEL > Beanspruchung der gesamten Core-Muskulatur, während sich Oberkörper, Rumpf und Unterkörper in Bewegung befinden, verbesserte intramuskuläre Koordination im gesamten Körper.

Begib dich anfangs auf die rechte Körperseite. Den rechten Ellbogen direkt unterhalb der rechten Schulter auf den Boden setzen **A**. Die Beine gerade halten, die Füße übereinanderlegen und den Körper von der linken Schulter bis hinunter zum linken Fußgelenk gerade ausrichten. Darauf achten, die Hüfte etwas nach vorn herauszunehmen und das Steißbein etwas nach unten zu strecken. Die Ohren befinden sich in einer Ebene mit den Schultern.

Jetzt die Hüfte anheben, um die linke Beckenseite so weit wie möglich nach oben zur Decke zu führen **B**.

Nun auch den linken Arm nach oben zur Decke strecken **C**. Dann den Arm vor dem Körper nach unten sinken lassen, um ihn durch den Zwischenraum unter dem Brustkorb am Boden hindurch nach hinten zu führen **D**. Im Anschluss den Arm wieder nach oben zur Decke strecken **C**.

Über die vorgegebene Wiederholungszahl hinweg mit der Arm- und Rumpfrotation fortfahren.

Roll dich auf die andere Körperflanke und wiederhol die Übung.

ZIELMUSKULATUR

Gesamter Core

ANHANG
WORKOUT-PROGRAMME

STUFE 1, WORKOUT 1   VERLETZUNGSPRÄVENTION/REHA

ZIEL > Reduzierung der Schmerzen, Erhöhung der neuromuskulären Effektivität, Behebung seit längerer Zeit bestehender Probleme mit dem Muskelgleichgewicht, welche Verletzungen hervorrufen.

TYP	ÜBUNG	SÄTZE	WH	RHYTHMUS	PAUSE	SÄTZE	WH	PAUSE
DYNAMI-SCHES WARM-UP	Dehnung des unteren Rückens im Türrahmen	1	3-mal nach oben und unten pro Seite	3/3	–			
	Mondsichel im Türrahmen	1	10 pro Seite	3/3	–			
	Liegende 4	1	10 pro Bein	2/2	–			
WORKOUT	Arm-/Bein-heben im Vierfüßler	2	10 pro Seite	2/2	30 Sekunden			
	Hüftheben mit Bein-streckung	2	10 pro Bein	2/2	30 Sekunden			
	Aktivierung der quer verlaufenden BM	1	5	5 Sekunden halten	5 Sekunden zwischen den WH			
	Steißbein-streckung	1	5	5 Sekun-den halten	5 Sekunden zwischen den WH			

HÄUFIGKEIT > 3- bis 5-mal pro Woche

TRAININGSWOCHEN MIT DEM PROGRAMM > _____   **WORKOUTS IN DIESER WOCHE** > _____

NOTIZEN *(Eindrücke, schwerste Übung, spürbare Fortschritte etc.)* > _____

STUFE 1, WORKOUT 2 > HALTUNGSKORREKTUR

ZIEL > Korrektur muskulärer Verspannungen und Schwächen, Verbesserung der Beweglichkeit in den Gelenken, optimale Ausrichtung der Wirbelsäule.

TYP	ÜBUNG	SÄTZE	WH	RHYTHMUS	PAUSE	SÄTZE	WH	PAUSE
DYNAMI-SCHES WARM-UP	Streckung von Ober-schenkel-vorder- und -rückseite	1	10 pro Bein	3/3	–			
	Bruststre-ckung an der Wand	1	10 pro Arm	3/3	–			
	Mondsichel im Türrah-men	1	10 pro Seite	3/3	–			
WORKOUT	Skydiver	2	15	2/2	30 Sekunden			
	Schulter-blatt-pressen	1	10	5 Sekunden halten	5 Sekunden zwischen den WH			
	Kniebeuge an der Wand mit Steißbein-streckung	1	10	5 Sekunden halten	5 Sekunden zwischen den WH			
	Seitliches Beinheben	2	15 pro Bein	3/3	30 Sekunden			
	Kniebeuge am Stuhl	2	15	2/2	30 Sekunden			

HÄUFIGKEIT > 3- bis 5-mal pro Woche

TRAININGSWOCHEN FÜRS PROGRAMM > _____   WORKOUTS IN DIESER WOCHE > _____

NOTIZEN (Eindrücke, schwerste Übung, spürbare Fortschritte etc.) > _____

STUFE 1, WORKOUT 3 | STABILITÄT UND BEHERRSCHUNG DES FAHRRADS

ZIEL > Verbesserung der statischen und dynamischen Stabilisierung der gesamten Core-Muskulatur, Erhöhung der Muskelreaktion und Verbesserung der intramuskulären Koordination.

TYP	ÜBUNG	SÄTZE	WH	RHYTHMUS	PAUSE	SÄTZE	WH	PAUSE
DYNAMI-SCHES WARM-UP	Dehnung des unteren Rückens im Türrahmen	1	10 pro Seite	3/3	–			
	Bruststreckung an der Wand	1	10 pro Arm	3/3	–			
	Mondsichel im Türrahmen	1	10 pro Seite	3/3	–			
WORKOUT	Superman	2	12	2/2	30 Sekunden			
	Bergsteiger	2	12 pro Bein	2/2	30 Sekunden			
	Seitstütz	2	12 pro Seite	2/2	30 Sekunden			
	Auster	2	12 pro Bein	2/2	30 Sekunden			
	Unterarmstütz	2	1	20–30 Sekunden halten	30 Sekunden			

HÄUFIGKEIT > 2- bis 3-mal pro Woche

TRAININGSWOCHEN FÜRS PROGRAMM > _____   WORKOUTS IN DIESER WOCHE > _____

NOTIZEN (Eindrücke, schwerste Übung, spürbare Fortschritte etc.) > _____

_____

STUFE 1, WORKOUT 4   AUSDAUER

ZIEL > Verbesserung der muskulären Ausdauer und Effektivität im Core und Verlängerung des Stehvermögens bis zur Erschöpfung.

TYP	ÜBUNG	SÄTZE	WH	RHYTHMUS	PAUSE	SÄTZE	WH	PAUSE
DYNAMI-SCHES WARM-UP	Streckung von Ober-schenkel-vorder- und -rückseite	1	10 pro Bein	3/3	–			
	Bruststre-ckung an der Wand	1	10 pro Arm	3/3	–			
	Mondsichel im Türrahmen	1	10 pro Seite	3/3	–			
WORKOUT	Hüftheben mit Beinstre-ckung	2	15 pro Bein	2/2	30 Sekunden			
	Bergsteiger	2	15 pro Bein	2/2	30 Sekunden			
	Unterkörper-drehung im Liegen	2	15 pro Seite	2/2	30 Sekunden			
	Seitliches Beinheben	2	15 pro Bein	2/2	30 Sekunden			
	Unterarmstütz	2	1	30–40 Sekunden halten	30 Sekunden			

HÄUFIGKEIT > 2- bis 3-mal pro Woche

TRAININGSWOCHEN FÜRS PROGRAMM > _____   WORKOUTS IN DIESER WOCHE > _____

NOTIZEN *(Eindrücke, schwerste Übung, spürbare Fortschritte etc.)* > _____

STUFE 1, WORKOUT 5 › TOMMY DS TRAINING ZUR LEISTUNGSOPTIMIERUNG

ZIEL > Aufbau der größtmöglichen Kraft im Core, Erhöhung des Energieumsatzes, Steigerung der Muskelausdauer, Erhöhung der Chance, an der Alpe d'Huez mit Tom mithalten zu können.

TYP	ÜBUNG	SÄTZE	WH	RHYTHMUS	PAUSE	SÄTZE	WH	PAUSE
DYNAMI-SCHES WARM-UP	Dehnung des unteren Rückens im Türrahmen	1	3 pro Seite	3/3	–			
	Mondsichel im Türrahmen	1	10 pro Seite	3/3	–			
	Liegende 4	1	10 pro Bein	3/3	–			
WORKOUT	Skydiver	2	12	2/2	30 Sekunden			
	Hüftheben mit Beinstreckung	2	12 pro Bein	2/2	30 Sekunden			
	Bergsteiger	2	12 pro Bein	2/2	30 Sekunden			
	Seitstütz	2	12 pro Seite	2/2	30 Sekunden			
	Kniebeugen am Stuhl	2	12	2/2	30 Sekunden			

HÄUFIGKEIT > 3- bis 4-mal pro Woche

TRAININGSWOCHEN FÜRS PROGRAMM > _____   WORKOUTS IN DIESER WOCHE > _____

NOTIZEN *(Eindrücke, schwerste Übung, spürbare Fortschritte etc.)* > _____

STUFE 2, WORKOUT 1 > VERLETZUNGSPRÄVENTION/REHA

ZIEL > Reduzierung der Schmerzen, Erhöhung der neuromuskulären Effektivität, Behebung seit längerer Zeit bestehender Probleme mit dem Muskelgleichgewicht, welche Verletzungen hervorrufen.

TYP	ÜBUNG	SÄTZE	WH	RHYTHMUS	PAUSE	SÄTZE	WH	PAUSE
DYNAMI-SCHES WARM-UP	Dehnung des unteren Rückens im Türrahmen	I	3-mal nach oben und unten pro Seite	3/3	–			
	Mondsichel im Türrah-men	I	I0 pro Seite	3/3	–			
	Liegende 4	I	I0 pro Bein	2/2	–			
WORKOUT	Arm-/Bein-heben im Unterarm-stütz	2	I0 pro Seite	2/2	30 Sekunden			
	Hüftheben mit Lauf-schritt	2	I0 pro Bein	2/2	30 Sekunden			
	Scheren-schlag	2	I0 pro Bein	2/2	30 Sekunden			
	Unterkör-per-Crunch	2	I5	2/2	30 Sekunden			

HÄUFIGKEIT > 3- bis 5-mal pro Woche

TRAININGSWOCHEN FÜRS PROGRAMM > _____   **WORKOUTS IN DIESER WOCHE** > _____

NOTIZEN (Eindrücke, schwerste Übung, spürbare Fortschritte etc.) > _____

STUFE 2, WORKOUT 2 — HALTUNGSKORREKTUR

ZIEL > Korrektur muskulärer Verspannungen und Schwächen, Verbesserung der Beweglichkeit in den Gelenken, optimale Ausrichtung der Wirbelsäule.

TYP	ÜBUNG	SÄTZE	WH	RHYTHMUS	PAUSE	SÄTZE	WH	PAUSE
DYNAMI-SCHES WARM-UP	Streckung von Ober-schenkel-vorder- und -rückseite	1	10 pro Bein	3/3	–			
	Bruststre-ckung an der Wand	1	10 pro Arm	3/3	–			
	Mondsichel im Türrah-men	1	10 pro Seite	3/3	–			
WORKOUT	Skydiver mit Schulter-pressen	2	10	2/2 (Skydiver) 1/1 (Schulter-pressen)	30 Sekunden			
	Schulter-pressen im Liegestütz	1	15	5 Sekunden halten	5 Sekunden zwischen den WH			
	Scheren-schlag	2	10 pro Bein	2/2	30 Sekunden			
	Ausfall-schritt über Kreuz	2	10 pro Bein	1/1	30 Sekunden			
	Unterarm-stütz mit Absetzen	2	10 pro Bein	1/1	30 Sekunden			

HÄUFIGKEIT > 3- bis 5-mal pro Woche

TRAININGSWOCHEN FÜRS PROGRAMM > _____   WORKOUTS IN DIESER WOCHE > _____

NOTIZEN (Eindrücke, schwerste Übung, spürbare Fortschritte etc.) > _____

STUFE 2, WORKOUT 3 > STABILITÄT UND BEHERRSCHUNG DES FAHRRADS

ZIEL > Verbesserung der statischen und dynamischen Stabilisierung der gesamten Core-Muskulatur, Erhöhung der Muskelreaktion und Verbesserung der intramuskulären Koordination.

TYP	ÜBUNG	SÄTZE	WH	RHYTHMUS	PAUSE	SÄTZE	WH	PAUSE
DYNAMI-SCHES WARM-UP	Dehnung des unteren Rückens im Türrahmen	1	10 pro Seite	3/3	–			
	Bruststre-ckung an der Wand	1	10 pro Arm	3/3	–			
	Mondsichel im Türrahmen	1	10 pro Seite	3/3	–			
WORKOUT	Superman mit Oberschenkel-dehnung	2	10 pro Seite	2/2	30 Sekunden			
	Seitstütz	2	10 pro Seite	2/2	30 Sekunden			
	Ausfallschritt über Kreuz	2	10 pro Bein	1/1	30 Sekunden			
	Griff zur Wasserfla-sche	2	10 pro Seite	2/2	30 Sekunden			
	Breitbeiniger Bergsteiger	2	10 pro Seite	2/2	30 Sekunden			

HÄUFIGKEIT > 3- bis 4-mal pro Woche

TRAININGSWOCHEN FÜRS PROGRAMM > _____   **WORKOUTS IN DIESER WOCHE** > _____

NOTIZEN *(Eindrücke, schwerste Übung, spürbare Fortschritte etc.)* > _____

STUFE 2, WORKOUT 4 > AUSDAUER

ZIEL > Verbesserung der muskulären Ausdauer und Effektivität im Core und Verlängerung des Stehvermögens bis zur Erschöpfung.

TYP	ÜBUNG	SÄTZE	WH	RHYTHMUS	PAUSE	SÄTZE	WH	PAUSE
DYNAMI-SCHES WARM-UP	Streckung von Oberschenkel-vorder- und -rückseite	1	10 pro Bein	3/3	–			
	Bruststre-ckung an der Wand	1	10 pro Arm	3/3	–			
	Mondsichel im Türrahmen	1	10 pro Seite	3/3	–			
WORKOUT	Hüftheben mit Laufschritt	2	15 pro Bein	2/2	20 Sekunden			
	Unterkörper-Crunch	2	15	2/2	20 Sekunden			
	Oberkörper-drehung im Sitzen	2	1 pro Seite	15 Sekunden halten	20 Sekunden			
	Unterarmstütz mit Absetzen	2	15 pro Bein	1/1	20 Sekunden			
	Kniebeuge mit erhobenen Armen	2	15	2/2	20 Sekunden			

HÄUFIGKEIT > 2- bis 3-mal pro Woche

TRAININGSWOCHEN FÜRS PROGRAMM > _____   **WORKOUTS IN DIESER WOCHE** > _____

NOTIZEN *(Eindrücke, schwerste Übung, spürbare Fortschritte etc.)* > _____

| STUFE 2, WORKOUT 5 | TOMMY DS TRAINING ZUR LEISTUNGSOPTIMIERUNG |

ZIEL > Aufbau der größtmöglichen Kraft im Core, Erhöhung des Energieumsatzes, Steigerung der Muskelausdauer, Erhöhung der Chance, an der Alpe d'Huez mit Tom mithalten zu können.

TYP	ÜBUNG	SÄTZE	WH	RHYTHMUS	PAUSE	SÄTZE	WH	PAUSE
DYNAMI-SCHES WARM-UP	Dehnung des unteren Rückens im Türrahmen	1	3 pro Seite	3/3	–			
	Mondsichel im Türrahmen	1	10 pro Seite	3/3	–			
	Liegende 4	1	10 pro Bein	3/3	–			
WORKOUT	Skydiver mit Schulterpres-sen	2	12	2/2 (Skydiver) 1/1 (Schulter-pressen)	30 Sekunden			
	Unterkörper-Crunch	2	12	2/2	30 Sekunden			
	Griff zur Wasser-flasche	2	12 pro Seite	1/1	30 Sekunden			
	Oberkörperdre-hung im Sitzen	2	1 pro Seite	15 Sekunden halten pro Seite	30 Sekunden			
	Ausfallschritt über Kreuz	2	12 pro Seite	1/1	30 Sekunden			
	Unterarmstütz mit Kraxeln	2	12 pro Arm	1/1	30 Sekunden			

HÄUFIGKEIT > 3- bis 4-mal pro Woche

TRAININGSWOCHEN FÜRS PROGRAMM > _____   **WORKOUTS IN DIESER WOCHE >** _____

NOTIZEN *(Eindrücke, schwerste Übung, spürbare Fortschritte etc.)* > _____

STUFE 3, WORKOUT 1 › VERLETZUNGSPRÄVENTION/REHA

ZIEL > Reduzierung der Schmerzen, Erhöhung der neuromuskulären Effektivität, Behebung seit längerer Zeit bestehender Probleme mit dem Muskelgleichgewicht, welche Verletzungen hervorrufen.

TYP	ÜBUNG	SÄTZE	WH	RHYTHMUS	PAUSE	SÄTZE	WH	PAUSE
DYNAMI-SCHES WARM-UP	Dehnung des unteren Rückens im Türrahmen	I	Je 3 nach oben und unten pro Seite	3/3	–			
	Mondsichel im Türrah-men	I	10 pro Seite	3/3	–			
	Liegende 4	I	10 pro Bein	2/2	–			
WORKOUT	Arm-/Bein-heben im Liegestütz	3	10 pro Seite	I/I	30 Sekunden			
	Rückenstre-ckung mit den Händen unterm Kinn	3	I5	2/2	30 Sekunden			
	Raupe	3	I5	2/2	30 Sekunden			
	Beinspreizen im Liege-stütz	3	10 pro Bein	I/I	30 Sekunden			

HÄUFIGKEIT > 3- bis 5-mal pro Woche

TRAININGSWOCHEN FÜRS PROGRAMM > _____   **WORKOUTS IN DIESER WOCHE >** _____

NOTIZEN (*Eindrücke, schwerste Übung, spürbare Fortschritte etc.*) > _____

STUFE 3, WORKOUT 2 — HALTUNGSKORREKTUR

ZIEL > Korrektur muskulärer Verspannungen und Schwächen, Verbesserung der Beweglichkeit in den Gelenken, optimale Ausrichtung der Wirbelsäule.

TYP	ÜBUNG	SÄTZE	WH	RHYTHMUS	PAUSE	SÄTZE	WH	PAUSE
DYNAMI- SCHES WARM-UP	Streckung von Oberschenkel- vorder- und -rückseite	1	10 pro Bein	3/3	–			
	Bruststreckung an der Wand	1	10 pro Arm	3/3	–			
	Mondsichel im Türrahmen	1	10 pro Seite	3/3	–			
WORKOUT	Arm-/Beinheben im Liegestütz	3	10 pro Seite	1/1	30 Sekunden			
	Scheiben- wischer	3	15	2/2	30 Sekunden			
	Umgedrehtes Klappmesser	3	15	2/2	30 Sekunden			
	Griff zum Energiegel	3	10 pro Seite	1/1	30 Sekunden			
	Seitstütz mit Armstreckung und Rotation	3	10 pro Seite	1/1	30 Sekunden			

HÄUFIGKEIT > 3- bis 5-mal pro Woche

TRAININGSWOCHEN FÜRS PROGRAMM > _____   WORKOUTS IN DIESER WOCHE > _____

NOTIZEN (Eindrücke, schwerste Übung, spürbare Fortschritte etc.) > _____

STUFE 3, WORKOUT 3 > STABILITÄT UND BEHERRSCHUNG DES FAHRRADS

ZIEL > Verbesserung der statischen und dynamischen Stabilisierung der gesamten Core-Muskulatur, Erhöhung der Muskelreaktion und Verbesserung der intramuskulären Koordination.

TYP	ÜBUNG	SÄTZE	WH	RHYTHMUS	PAUSE	SÄTZE	WH	PAUSE
DYNAMI-SCHES WARM-UP	Dehnung des unteren Rückens im Türrahmen	I	10 pro Seite	3/3	–			
	Bruststreckung an der Wand	I	10 pro Arm	3/3	–			
	Mondsichel im Türrahmen	I	10 pro Seite	3/3	–			
WORKOUT	Blick über die Schulter	3	10 pro Seite	I/I	30 Sekunden			
	Einbein-Kreuzheben	3	10 pro Seite	2/2	30 Sekunden			
	Einbein-Kniebeugen	3	10 pro Seite	2/2	30 Sekunden			
	Knieheben über Kreuz	3	10 pro Bein	I/I	30 Sekunden			
	Beinspreizen im Unterarmstütz	3	I5	So schnell wie möglich	30 Sekunden			

HÄUFIGKEIT > 2- bis 3-mal pro Woche

TRAININGSWOCHEN FÜRS PROGRAMM > _____   **WORKOUTS IN DIESER WOCHE** > _____

NOTIZEN *(Eindrücke, schwerste Übung, spürbare Fortschritte etc.)* > _____

STUFE 3, WORKOUT 4 › AUSDAUER

ZIEL > Verbesserung der muskulären Ausdauer und Effektivität im Core und Verlängerung des Stehvermögens bis zur Erschöpfung.

TYP	ÜBUNG	SÄTZE	WH	RHYTHMUS	PAUSE	SÄTZE	WH	PAUSE
DYNAMI-SCHES WARM-UP	Streckung von Oberschenkel-vorder- und -rückseite	I	10 pro Bein	3/3	–			
	Bruststreckung an der Wand	I	10 pro Arm	3/3	–			
	Mondsichel im Türrahmen	I	10 pro Seite	3/3	–			
WORKOUT	Rückenstre-ckung mit den Händen unterm Kinn	3	15	I/I	15 Sekunden			
	Raupe	3	15	2/2	15 Sekunden			
	Seitstütz mit Hüftheben und -senken	3	15 pro Seite	I/I	15 Sekunden			
	Griff zum Energiegel	3	15 pro Seite	I/I	15 Sekunden			
	Einbein-Kreuzheben	3	15 pro Bein	2/2	15 Sekunden			
	Knieheben über Kreuz im Unterarmstütz	3	15 pro Bein	I/I	15 Sekunden			

HÄUFIGKEIT > 2- bis 3-mal pro Woche

TRAININGSWOCHEN FÜRS PROGRAMM > _____   **WORKOUTS IN DIESER WOCHE >** _____

NOTIZEN (*Eindrücke, schwerste Übung, spürbare Fortschritte etc.*) > _____

STUFE 3, WORKOUT 5 > TOMMY DS TRAINING ZUR LEISTUNGSOPTIMIERUNG

ZIEL > Aufbau der größtmöglichen Kraft im Core, Erhöhung des Energieumsatzes, Steigerung der Muskelausdauer, Erhöhung der Chance, an der Alpe d'Huez mit Tom mithalten zu können.

TYP	ÜBUNG	SÄTZE	WH	RHYTHMUS	PAUSE	SÄTZE	WH	PAUSE
DYNAMI-SCHES WARM-UP	Dehnung des unteren Rückens im Türrahmen	I	3 pro Seite	3/3	–			
	Mondsichel im Türrahmen	I	10 pro Seite	3/3	–			
	Liegende 4	I	10 pro Bein	3/3	–			
WORKOUT	Umgedrehtes Klappmesser	3	10	2/2	30 Sekunden			
	Käfer-Crunch	3	10 pro Seite	I/I	30 Sekunden			
	Blick über die Schulter	3	10 pro Seite	I/I	30 Sekunden			
	Einbein-Kniebeugen	3	10 pro Bein	2/2	30 Sekunden			
	Beinspreizen im Unterarmstütz	3	30	So schnell wie möglich	30 Sekunden			

HÄUFIGKEIT > 3- bis 4-mal pro Woche

TRAININGSWOCHEN FÜRS PROGRAMM > _____   **WORKOUTS IN DIESER WOCHE >** _____

NOTIZEN (*Eindrücke, schwerste Übung, spürbare Fortschritte etc.*) > _____

QUELLEN

Arbitbol, M. M.: Sacral Curvature and Supine Posture. American Journal of Physical Anthropology 80 (3): 378–389 (1989).

Asplund, C., and P. St. Pierre: Knee Pain and Bicycling: Fitting Concepts for Clinicians. The Physician and Sports Medicine 32 (4): 23–30 (2004).

Bandy, W. D., J. M. Irion und M. Briggler: The Effect of Static Stretch and Dynamic Range of Motion Training on the Flexibility of the Hamstring Muscles. Journal of Orthopaedic and Sports Physical Therapy 27 (4): 295–300 (1998).

Barry, P., M. D. Boden, L. Y. Griffin und W. E. Garret Jr.: Etiology and Prevention of Non-contact ACL Injury. The Physician and Sports Medicine 28 (4). http://www.frvbc.com/newsletter/pdf/Etiology%20and%20Prevention%20of%20Noncon-tact%20ACL%20Injury%20word.pdf (2000).

Bergmark, A.: Stability of the Lumbar Spine: A Study in Mechanical Engineering. Acta Orthopaedica Scandinavica 230 (suppl.): 20–24 (1989).

Boyle, M.: Functional Training for Sports: Superior Conditioning for Today's Athlete. Champaign, IL: Human Kinetics (2004).

———: Understanding Hip Flexion www.ptonthenet.com (15. Juli 2006).

Church, J. B., M. S. Wiggins, F. M. Moode und R. Crist: Effect of Warm-up and Flexibility Treatments on Vertical Jump Performance. Journal of Strength and Conditioning Research 15 (3): 332–336 (2001).

Clark, M. A.: An Integrated Approach to Human Movement Science. Thousand Oaks, CA. National Academy of Sports Medicine (2000).

Clarsen, B., T. Krosshaug und R. Bahr: Overuse Injuries in Professional Road Cyclists. The American Journal of Sports Medicine 38: 2494–2501 (2010).

Cook, G.: Athletic Body in Balance: Optimal Movement Skills and Conditioning for Performance. Champaign, IL: Human Kinetics (2003).

Curry, B. S, D. Chengkalath, G. J. Crouch, M. Romance und P. J. Manns: Acute Effects of Dynamic Stretching, Static Stretching, and Light Aerobic Activity on Muscular Performance in Women. Journal of Strength and Conditioning Research 23 (6): 1811–1819 (2009).

Delavier, F., J.-P. Clemenceau und M. Gundill: Delavier's Stretching Anatomy. Champaign, IL: Human Kinetics (2010).

Hodges, P. W. und C. A. Richardson: Inefficient Muscular Stabilization of the Lumbar Spine Associated with Low Back Pain: A Motor Control Evaluation of Transversus Abdominis. Spine 21 (22): 2640–2650 (1996).

Huang, L., A. Galinsky, D. H. Gruenfeld und L. E. Guillory: Powerful Postures Versus Powerful Roles: Which Is the Proximate Correlate of Thought and Behavior? Psychological Science 22 (1): 95–102 (2011).

Kovacs, M. S.: Dynamic Stretching. Berkeley, CA: Ulysses Press (2010).

Magnusson, P. und P. Renstrom: The European College of Sports Sciences Position Statement: The Role of Stretching Exercises in Sports. European Journal of Sport Science 6 (2): 87–91 (2006).

National Academy of Sports Medicine. Current Concepts in Flexibility Training. http://www.nasm.org/1/HFPN/Research_Library/CCPs/Current_Concepts_in_Flexibility_Training/.

Neumann, D. A.: Kinesiology of the Musculoskeletal System: Foundations for Physical Rehabilitation. St. Louis, MO: Mosby (2002).

Powers, C.: The Influence of Altered Lower Extremity Kinematics on Patella Femoral Joint Dysfunction. Journal of Orthopaedic and Sports Physical Therapy 33: 639–646 (2003).

Powers, S. K. und E. T. Howley: Exercise Physiology: Theory and Application to Fitness and Performance. 6th ed. New York: McGraw-Hill (2007).

Sahrmann, S. A.: Diagnosis and Treatment of Movement Impairment Syndromes. St. Louis, MO: Mosby (2002).

Schulz, S. J. und S. J. Gordon: Recreational Cyclists: The Relationship Between Low Back Pain and Training Characteristics. International Journal of Exercise Science 3 (3): Article 3 (2010).

Shrier, I.: Does Stretching Improve Performance? A Systematic and Critical Review of the Literature. Clinical Journal of Sport Medicine 14 (5): 267–273 (2004).

Shrier, I. und K. Gossal: Myths and Truths of Stretching. The Physician and Sports Medicine 28: 57–63 (2000).

Szadek, K. M., P. van der Wurff, M. W. Zuurmond und R. S. Perez: Diagnostic Validity of Criteria for Sacroiliac Joint Pain: A Systematic Review. Journal of Pain 10 (4): 354–368 (2009).

Verstegen, M. und P. Williams: Core Performance: The Revolutionary Workout Program to Transform Your Body and Your Life. New York: Rodale (2004).

ÜBER DIE AUTOREN

Tom Danielson ist einer der weltbesten Profi-Radfahrer. Seine Laufbahn begann 2002 beim Team Mercury. Danach wechselte er zum Team Saturn, zu Fassa Bortolo sowie zum Team Discovery. Derzeit fährt er für Garmin-Sharp-Barracuda. „Tommy D" ist für seine unglaublichen Fähigkeiten beim Anstieg und sein riesiges Lungenvolumen bekannt. Aktuell hält er den Rekord für die schnellste Auffahrt auf den Mt. Washington

im amerikanischen Bundesstaat New Hampshire sowie beim Mt. Evans Hill Climb in Colorado.

Seinen ersten großen Sieg landete Tom bei der Dodge Tour de Georgia im April 2005. Den Sieg machte er auf der Etappe Brasstown Bald klar. Dort fuhr er dem Rest des Feldes davon und gewann beim extremen Anstieg hinauf ins Ziel. Gerade einmal ein Jahr später, als er für Discovery in die Pedale trat, holte sich Tom die mörderische Etappe 17 der Spanienrundfahrt. Auch danach errang er für sein Team bis ins Jahr 2007 noch mehrere Siege. Sein Debüt bei der Tour de France gab er 2011. Dabei schnitt er am Ende mit Platz neun als bestplatzierter Amerikaner ab. Außerdem führte er sein Team zum Etappensieg beim Mannschaftszeitfahren, während er einen wichtigen Beitrag zum Gesamtklassement seiner Mannschaft leistete. Im Jahr 2012 stellte Tom nur sechs Wochen nach einem bösen Sturz bei der Tour de France sein zähes Naturell unter Beweis, indem er die dritte Etappe der USA Pro Cycling Challenge für sich entschied. Dabei wurde er auch zum offensivsten Fahrer gekürt (Most Aggressive Rider).

Neben seinen Erfolgen im Sattel ist Tom für seine Beiträge zum Rennsport allgemein sowie die Förderung junger Fahrer bekannt. Er half dabei, die Stiftung Fort Lewis College Cycling Scholarship ins Leben zu rufen, um junge Fahrer im College-Alter zu unterstützen. Im November 2006 rief Tom die Rennserie Tom Danielson Junior Race Series mit zugehörigen Trainingslagern ins Leben. Damit gibt er Nachwuchsfahrern Hilfestellungen, Ansporn und Möglichkeiten zur technischen Weiterentwicklung in einem wettkampforientierten Umfeld. Tom lebt zusammen mit seiner Frau Stephanie und seinen zwei Kindern Stevie und Stella in der amerikanischen Stadt Boulder im Bundesstaat Colorado. In seiner Freizeit fährt er gerne Motocross.

Allison Westfahl ist eine in ganz Amerika anerkannte Trainingsphysiologin, Autorin und Fitnessexpertin. Nach einem Abschluss mit magna cum laude an der renommierten amerikanischen Universität Yale zog es Allison nach Colorado, wo sie eine Karriere in der Fitnessbranche verfolgte. Im Alter von 25 Jahren wurde sie zur jüngsten Personal-Training-Leiterin im Flatiron Athletic Club, den das „Men's Journal" zum besten Fitnesscenter Amerikas  gekürt hat. Zwei Jahre später wurde sie mit dem Pursuit of Excellence Award ausgezeichnet. Das Stipendium vergibt die amerikanische National Academy of Sports Medicine jedes Jahr nur an zwei Trainer. Über Allison sind zudem Artikel in den Fitness-Businessmagazinen „Fitness Business" und „Athletic Business" erschienen. Darin wurde über ihre Erfolge berichtet. Sie wird regelmäßig von lokalen und nationalen Publikationen als Expertin im Bereich des

Krafttrainings um Beiträge gebeten. Allison kann einen Master of Science in Trainingswissenschaft vorweisen. Dazu kommen verschiedene Zertifikate der National Academy of Sports Medicine sowie des amerikanischen Triathlonverbands USA Triathlon.

Dass Allison effektive Workouts zur Verbesserung der sportlichen Leistung erstellen kann, belegen Beiträge in den Magazinen „Shape" und „Bicycling", der „Denver Post" sowie auf Bob Greenes Workout-DVD „8 Week Total Body Makeover". Ihr erstes Buch, „The Gluten Free Fat Loss Plan", ist im Mai 2011 erschienen. Es dreht sich ums Thema Abnehmen mithilfe einer glutenfreien Ernährung. Sie hat zum Thema Kraft- und Konditionstraining schon viele produktive Texte verfasst. Daneben wird sie häufig um Beiträge als Gastbloggerin auf beliebten Fitness-Websites gebeten.

Allison lebt zusammen mit ihrem Ehemann Brian sowie ihrem Hund Muppet in Denver. In ihrer Freizeit singt sie in einem professionellen Kammerchor. Ab und zu versucht sie tatsächlich auch, einfach einmal gar nichts zu tun.

ÜBUNGEN UND WORKOUTS

STICHWORTINDEX

Tom Danielson / Kourtney Danielson

Radfahren in Höchstform

Mit der Formmethode schneller und erfolgreicher in den Pedalen

geb., 296 S., € 19,80

Dieses Radsport-Buch erweitert Ihre Erfolgszone:

In RADFAHREN IN HÖCHSTFORM zeigen TOM DANIELSON und seine Frau KOURTNEY DANIELSON die ultimativen Gründe auf, wie Sie Leistungsplateaus dauerhaft überwinden. Der Clou: Wer Radsport aktiv betreibt, muss unbedingt mentale Prozesse in seine Gleichung mit aufnehmen. Zu diesem Zweck entwickelte Danielson das 360°-Grad-Training FORM, das auf seiner langjährigen Profi-Erfahrung auf dem Rennrad beruht.

Die 4 Säulen von FORM:

- Fitness: Quiz für individuelle Typenanalyse (Zeitfahrer, Puncheur, Kletterer/Bergfahrer oder Sprinter) und Trainingsoptimierung
- Ausführung: Profi-Tipps zur perfekten Technik auf dem Rad (z. B. Sitzen und Aufstehen)
- Ernährung: Wie Sie Ihr Essen regelrecht in Treibstoff verwandeln
- Fokus: Mind matters! Umfassende Mindsets für Rennfahrer (Blitz-, Wasser-, Wolken- Feuer-Mindset)

Als Danielson begann, seine Kollegen bei Radrennen wie der WorldTour zu coachen, erntete er ein überwältigendes Feedback. Mit seiner authentischen Art und seiner positiven Grundaussage wendet er sich mit diesem Sport-Buch an alle, die neue Power in die Pedale bringen möchten. Ihre unverzichtbare Roadmap zur neuen Mindmap auf dem Bike – satteln Sie um in Richtung Erfolg!

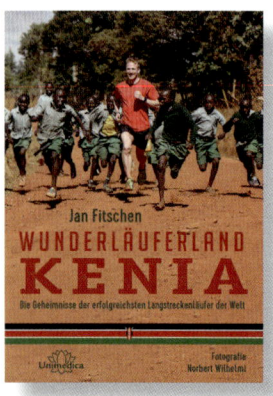

Jan Fitschen

Wunderläuferland KENIA

Die Geheimnisse der erfolgreichsten Langstreckenläufer der Welt

geb., 374 S., € 22,80

Jeder unserer 18 Millionen Freizeitläufer in Deutschland möchte besser werden und schneller und leichter laufen können. Jan Fitschen als Profi-Läufer auch. In „Wunderläuferland Kenia" entschlüsselt er auf humorvolle Art die 42,195 Erfolgsrezepte der Kenianer, während um ihn herum der ganz normale Trainingslagerwahnsinn tobt. Denn das wollen wir alle wissen: „Warum verdammt sind die so schnell?!", und vor allem: „Was können wir, vom Laufanfänger bis zum Profi, uns davon abgucken?" Mit beeindruckenden Fotografien von Norbert Wilhelmi.

Jan Fitschen ist über 25-facher Deutscher Meister im Langstreckenlauf von 3.000 m bis hin zum Halbmaraton. Spätestens seit seinem Sieg bei den Europameisterschaften 2006 über 10.000 m genießt er eine riesige Popularität in der deutschen Laufszene. Der Diplom-Physiker und Wirtschaftswissenschaftler stellte 2012 beim BMW Berlin-Marathon mit 2:13:10 h seine Bestzeit auf.

Pete Magill / Thomas Schwartz / Melissa Breyer

Das ultimative Läufertraining
Massgeschneiderte Fitness-Pläne für den Hobbylauf bis zum Ultramarathon schnell, ausdauernd und verletzungsfrei laufen
464 Seiten, geb., € 24,80

MEHR FREUDE & FITNESS FÜR LAUFBEGEISTERTE JEDER ALTERS- UND LEISTUNGSKLASSE!

Dieser Ratgeber deckt alle trainingstechnischen, sport- und ernährungsphysiologischen Aspekte des Laufens umfassend ab. Lernen Sie Schritt für Schritt Ihren Körper für das Laufen fit zu machen. Somit Muskeln, Bindegewebe, Herz-Kreislauf-System, Energieproduktion, Nervensystem, Hormone und Gehirn optimal einzustellen.

- mehr als 150 Workouts für Cross-, Mental- bis Ausdauertraining
- mehr als 300 illustrierte Übungen, die typische Laufverletzungen vermeiden helfen
- Strategien für das persönliche Wettkampfziel
- Ernährungstipps
- mehr als 30 erprobte Rezepte für die schnelle Regeneration und mehr Energie
- Tipps für Einsteiger
- Trainingspläne für jedes Läufer-Level

Mark Sisson / Brad Kearns

ULTIMATIVE AUSDAUER
• Werde schneller mit weniger Training
• Werfe den Fettverbrennungs-Turbo an
• Trainiere intuitiv
• Reduziere Stress und hab mehr Spaß!
geb., 408 S., € 29,80

Ultimative Ausdauer bringt gehörig frischen Wind in den verfestigten Status Quo des Ausdauertrainings. Dieses Buch fordert alle konventionellen Ansätze heraus, die eine Überbelastung provozieren und trotzdem nur wenig effektiv sind.

Der vorherrschende Cardio-Ansatz führt zu einer Abhängigkeit von Kohlenhydraten, einer extrem stressvollen Lebensweise und einem fast unausweichlichen Burnout. Gleichzeitig sind viele Ausdauersportler, die so trainieren, immer noch zu langsam und schleppen oft zu viel Körperfett mit sich herum.

Mit der Primal-Trainingsmethode, die sich an dem Aktivitätsgrad, der Paleo-Ernährungsweise und den ursprünglichen Bewegungsmustern unserer Urahnen orientiert, stellen sich bereits in kurzer Zeit vielfältige Verbesserungen ein: Überschüssiges Körperfett verschwindet dauerhaft, die Fettverbrennung wird angekurbelt, das Training wird weniger zeitintensiv, dafür aber effektiver, zielgerichteter und zeitlich besser eingetaktet, und übermäßige Erschöpfung, Verletzungen und Krankheiten gehören der Vergangenheit an. Sie trainieren mit mehr Spaß, sind spontaner und müssen sich nicht mehr bedingungslos unflexiblen Trainingsplänen unterwerfen. Im Alltag profitieren Sie von mehr Energie, einer besseren Konzentrationsfähigkeit und mehr Zeit.

Rich Roll

Finding Ultra
Wie ich meine Midlife-Krise überwand und einer der fittesten Männer der Welt wurde

384 Seiten, geb., € 16,80

Finding Ultra ist Rich Rolls unglaublicher Bericht, wie er mit 40 Jahren von einem unsportlichen, übergewichtigen Durchschnittsamerikaner zu einem der weltweit besten Ausdauerathleten wurde.

Zuvor bestand Rich Rolls Alltag aus Arbeit, Stress, Junk Food und TV-Abenden auf dem Sofa. Fast 25 Kilo Übergewicht und seine schlechte Kondition führten dazu, dass er kaum Treppen steigen konnte.

An seinem 40. Geburtstag beschloss er, sein Leben komplett zu ändern. Er wechselte zu einer veganen Lebensweise und fing an, ein äußerst intensives Trainingsprogramm zu absolvieren. Wenige Monate später wurde er von Men's Fitness zu einem der 25 fittesten Männer der Welt gewählt.

Durch seine radikale Lebensumstellung konnte er unmöglich scheinende Leistungen erbringen, wie die Teilnahme am Ultraman World Championship, bei dem sich die fittesten Menschen der Welt bei einem 515-Kilometer-Martyrium in den Disziplinen Schwimmen, Radfahren und Laufen miteinander messen.

Stacy T. Sims

Peak - Performance für Frauen
Wie Sie Ernährung und Fitness perfekt auf den weiblichen Organismus abstimmen

368 Seiten, geb., € 22,80

Ihr Bestseller Peak-Performance für Frauen rückt den Menstruationszyklus sowie den Stoffwechsel des weiblichen Körpers in den Fokus und wird zu den besten Sportbüchern aller Zeiten gezählt.

In diesem Buch finden Sie:

- die perfekte Ernährung für intensiveres Training & verbesserte Muskelregeneration
- professionelle Übungen zu Rumpfstabilität, Muskelaufbau und Beweglichkeit
- Extrakapitel zum Sport während der Schwangerschaft und in den Wechseljahren

Brendan Brazier

Vegane Fitness
Das Übungsbuch zu Vegan in Topform

geb., 272 S., € 24,-

Brendan Brazier, kanadischer Profi-Triathlet und Autor der Bestseller-Serie Vegan in Topform, ist einer der Pioniere der veganen Ernährung. An seinem eigenen Körper testete er über 25 Jahre die optimale Ernährung für sportliche Höchstleistungen aus und entwickelte die Thrive-Diät.

In seinem neuesten Werk zeigt er, wie man in kürzester Zeit mit der Thrive-Diät und ausgewählten Übungen gesund und fit wird und überragende Ergebnisse erzielen kann.

Brendan Brazier

Vegan in Topform

Der vegane Ernährungsratgeber für Höchstleistungen in Sport und Alltag – Die Thrive-Diät des berühmten kanadischen Triathleten

400 Seiten, geb., € 26,-

6. Auflage 2020

Brendan Brazier, kanadischer Triathlet und Ironman, ist ein führender Pionier für vegane Ernährung. Dieses Werk ist ein Kultbuch der weltweiten Veganbewegung.

Die „Thrive-Diät" ist ein langfristiger Ernährungsplan. Wer sich daran hält, bekommt einen schlanken Körper, einen klaren Kopf und endlos Energie.

Brendan Brazier hat die vegane Ernährung revolutioniert und achtet dabei auf eine ausgewogene Kost mit ausreichend Proteinen und anderen Nährstoffen. Hier setzt er auch auf Superfood wie die Andenwurzel Maca, die legendäre Alge Chlorella oder das nahrhafte Hanfprotein.

Brendan Brazier

Vegan in Topform – Das Kochbuch

200 pflanzliche Rezepte für optimale Leistung und Gesundheit

440 Seiten, geb., € 29,-

In seinem Werk zeigt der beliebte Sportler die Zusammenhänge zwischen Klimaschutz, tierischen und pflanzlichen Nährstoffen und benötigten Resourcen auf. Er belegt, dass ausgewogene pflanzliche Nahrung die beste Art von Gesundheitsvorsorge und nachhaltigem Umweltschutz ist.

Sein Kult-Kochbuch bietet 200 Rezepte für nährstoffreiche Gerichte, die leicht zuzubereiten sind und sich die Kraft von Superfoods wie Maca, Chia, Hanf und Chlorella zunutze machen. Dabei greift er nicht auf potentiell allergieauslösende Produkte wie Weizen, Hefe, Gluten, Soja und Mais zurück.

Brendan Brazier

Vegan in Topform – Das Energie-Kochbuch

150 pflanzliche Rezepte für optimale Leistung und Gesundheit

320 Seiten, geb., € 29,-

150 vegane, vollwertige, auf der Grundlage der Thrive-Philosophie entwickelte Rezepte mit hoher Nährstoffdichte: Dieses Kochbuch erweckt die von Brendan Brazier so erfolgreich ausgerufene Ernährungsrevolution zu neuem Leben. Alle Rezepte sind frei von Allergenen (oder enthalten in jedem Fall glutenfreie Optionen). So können Sie Weizen, Hefe, Gluten, Soja, raffinierten Zucker und Milchprodukte auf Wunsch ganz leicht aus Ihrer Ernährung streichen.

Die von erfahrenen Profi-Köchen zusammengestellten Rezepte sind im Handumdrehen zubereitet. Alle steigern spürbar die Leistungsfähigkeit, denn jede einzelne Zutat erfüllt einen auf dieses Ziel gerichteten Zweck. Zusätzliches Plus: Die Gerichte verleihen nicht nurKraft und Energie, sie vereinen diese Wirkung auch mit köstlichem Geschmack.

Unimedica

Blumenplatz 2, D-79400 Kandern
Tel: +49 7626-974970-0, Fax: +49 7626-974970-9
info@unimedica.de

In unserem Webshop

www.unimedica.de

finden Sie nahezu alle deutschen und eine umfangreiche
Auswahl an englischen Werken zu Homöopathie, Naturheilkunde
und gesunder Lebensweise.

Zu jedem Titel gibt es aussagekräftige Leseproben. Außerdem stehen
Ihnen ein großes Sortiment ausgewählter Naturkost-Produkte sowie
Nahrungsergänzungsmittel unserer Eigenmarke „Unimedica" und viele
Superfoods zur Verfügung.